Para: Nicholas.
De. Pops
Dic. 2006

Dirección editorial: Raquel López Varela
Coordinación editorial: Ana María García Alonso
Texto: Carmen Gutiérrez y Dpto. Enseñanza y Enciclopedias de Editorial Everest, S. A.
Ilustración interiores: Estudio S. I. Artists
Diseño de interiores: Fernando Dagnino, Francisco A. Morais y Cristina A. Rejas Manzanera
Maquetación: Cristina A. Rejas Manzanera
Diseño de cubierta: David de Ramón

ISBN: 968-893-104-7
Depósito legal: LE. 244-2005

Printed in Spain - Impreso en España
EDITORIAL EVERGRÁFICAS, S. L.
Carretera León-La Coruña, km 5
LEÓN (España)

Atención al cliente: 902 123 400

ATLAS

EVEREST

ÍNDICE

EL UNIVERSO

Esto es el Universo. Es grande, ¿verdad? Aunque mires muy lejos nunca verás su fin porque no tiene límite. No se sabe muy bien cómo se formó. Según parece, al principio todos sus componentes estaban juntos, en una especie de bola. Después, hace unos 10 ó 20 mil millones de años, se produjo una gran explosión llamada **Big Bang**.

Los pedazos de la bola se esparcieron en todas las direcciones y dieron lugar a los **astros** que hoy componen el Universo. En el Universo hay estrellas, planetas, satélites, cometas, meteoritos, etc. Seguro que sabes cómo son, pero voy a recordártelo.

Los **PLANETAS** son astros que giran alrededor de una estrella. Alrededor del Sol giran nueve: Mercurio, Venus, Tierra, Marte, Júpiter, Saturno, Urano, Neptuno y Plutón. Nosotros vivimos en el planeta Tierra. Los planetas no tienen luz propia.

Las **ESTRELLAS** son astros que tienen luz propia. Las vemos pequeñas porque están a mucha distancia, pero pueden ser muy grandes. Presentan diversos colores: azul, blanco, amarillo, naranja y rojo. El Sol es una estrella enorme y, además, es la más cercana al planeta Tierra. Las estrellas se agrupan en galaxias; la más conocida es la **Vía Láctea**, donde están el Sol y la Tierra.

Los **SATÉLITES** son astros que giran alrededor de un planeta. Todos los planetas, menos Mercurio, Venus y Plutón, tienen satélites. El satélite de la Tierra es la **Luna**.

Los **COMETAS** son astros que se desplazan a gran velocidad alrededor del Sol. Son relativamente pequeños pero tienen una cola larga y luminosa.

¿SABÍAS QUE...?
Un **cráter** es la huella dejada por la caída de un meteorito.

Los **METEORITOS** son cuerpos que viajan por el espacio muy deprisa. A veces llegan hasta la Tierra: si son pequeños, al acercarse se deshacen en pedacitos, pero si son grandes, cuando tocan el suelo dejan enormes cráteres.

EL SISTEMA SOLAR

El Sistema Solar está formado por el Sol, los planetas que giran a su alrededor y por los satélites de estos planetas. Nosotros vivimos en el planeta Tierra.

VENUS es un planeta poco más pequeño que la Tierra. Está cubierto por una capa de nubes que captan mucha luz del Sol, por eso es el planeta más brillante y se ve a simple vista desde la Tierra. Venus no tiene satélites alrededor.

MERCURIO es el planeta más pequeño y el que está más cerca del Sol, por eso su temperatura es muy alta. Su superficie presenta cráteres, llanuras y montañas.

La **TIERRA** es el planeta que habitamos. Parece que es el único en el que hay vida. Está rodeado por una capa de aire, llamada atmósfera, que nos protege de los rayos solares. La Tierra tiene forma de pelota aunque un poco achatada. Su satélite es la Luna.

El **SOL** es una estrella tan grande que en él cabrían ¡un millón de Tierras! Produce la luz y el calor que necesitamos para vivir, pero por ser muy intensos, la Tierra está rodeada de una capa de aire que la protege.

¿SABÍAS QUE...?
El 20 de julio de 1969 los astronautas Neil Armstrong y Edwin Aldrin pisaron la Luna por primera vez. Llegaron en la nave espacial Apolo 11.

MARTE, uno de los planetas más pequeños, es de color rojo. Carece de agua, apenas tiene aire y la temperatura en su superficie es bajísima.

PLUTÓN está tan alejado del Sol que apenas le llega su calor. Es el planeta más frío.

NEPTUNO está muy alejado del Sol por lo que también es muy frío. Es de color azul. Tiene 10 satélites.

URANO tiene forma de disco verdoso. Fue el primer planeta descubierto con un telescopio. Tiene cinco satélites.

SATURNO, rodeado de anillos de hielo y rocas, es el segundo planeta más grande.

¿SABÍAS QUE...?
Un **astrónomo** es la persona que estudia el Universo y los cuerpos que lo forman.

JÚPITER es el más grande de todos los planetas y es de color amarillento. Tiene 16 satélites.

LA TIERRA

Como en la antigüedad no tenían medios para observar el Universo, se pensaba que la Tierra era plana. Sin embargo, la Tierra es esférica, tiene forma de pelota, aunque un poco achatada. Los extremos donde parece que la Tierra se aplasta son los Polos y hay dos: el Polo Norte y el Polo Sur.

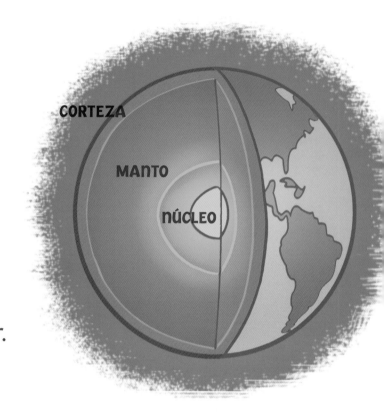

CORTEZA

MANTO

NÚCLEO

¿EN QUÉ SE PARECE LA TIERRA A UNA FRUTA?

La Tierra es algo similar a una fruta: tiene una **corteza** que sería como la piel, un **manto** que sería como la parte de la fruta que comemos, y un **núcleo** que sería la semilla. Nosotros vivimos en la corteza. En el interior de la Tierra hace mucho calor y la temperatura aumenta cuanto más nos acercamos al núcleo.

10

La Tierra está rodeada por una capa de aire. Esta capa se llama **atmósfera** y nos protege del calor y de la luz del Sol.

Seguro que esto te va a resultar extraño pero ¡la Tierra se mueve! Imagina que puedes atravesar una pelota por el centro de arriba abajo con una aguja larga, como si fuera un eje. La pelota puede girar sobre sí misma. Pues lo mismo sucede con la Tierra: gira sobre un eje imaginario y en dar un giro completo tarda 24 horas, es decir, un día. Éste es el llamado **movimiento de rotación**. Pero la Tierra también realiza un **movimiento de traslación** alrededor del Sol para el que emplea 365 días.

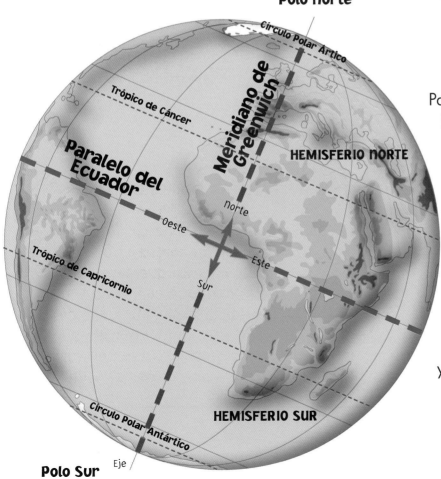

Para localizar los diferentes lugares en la Tierra, se han trazado unas líneas imaginarias: los **meridianos**, que unen el Polo Norte con el Polo Sur, y los **paralelos,** que rodean la Tierra. El paralelo más importante es el **Ecuador**, que divide la Tierra en dos partes: **Hemisferio Norte** y **Hemisferio Sur**. Paralelos al Ecuador están el **Trópico de Cáncer** y el **Círculo Polar Ártico** en el hemisferio norte y el **Trópico de Capriconio** y el **Círculo Polar Antártico** en el sur.

La Tierra es de color azul. ¿Sabes por qué? Es sencillo, la mayor parte de la Tierra está cubierta de agua. Si dividiésemos la Tierra en diez partes, siete de ellas serían agua y las tres restantes tierra.

El agua de la Tierra se concentra en los **océanos**. Existen cuatro océanos: **Pacífico**, **Atlántico**, **Índico** y **Ártico**. El Pacífico es el más grande y el más profundo. Fíjate, en él se encuentra la fosa de Las Marianas, que tiene ¡11 000 metros de profundidad! Por la acción de los rayos del Sol, las aguas de los océanos se evaporan. Ese agua forma las nubes y después la lluvia. El agua de la lluvia es recogida en los ríos que, como sabes, desembocan en los océanos. Así que, no te preocupes, el agua de los océanos nunca va a acabarse.

Según las teorías de los geólogos, hace millones de años toda la tierra firme formaba un gran bloque. Este bloque fue rompiéndose en diversos trozos que son los **continentes**. Por eso, si te fijas bien en un mapa del mundo, parece que los continentes pueden encajar unos en otros como si fueran parte de un enorme rompecabezas. Esos continentes que hoy conocemos son Europa, Asia, África, América y Oceanía; en ellos vivimos los seres humanos. Además está la Antártida, en el Polo Sur, que siempre está cubierta de hielo y en la que no vive nadie.

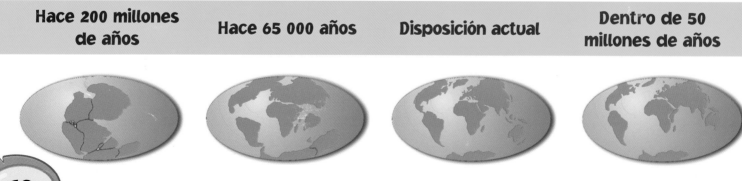

| Hace 200 millones de años | Hace 65 000 años | Disposición actual | Dentro de 50 millones de años |

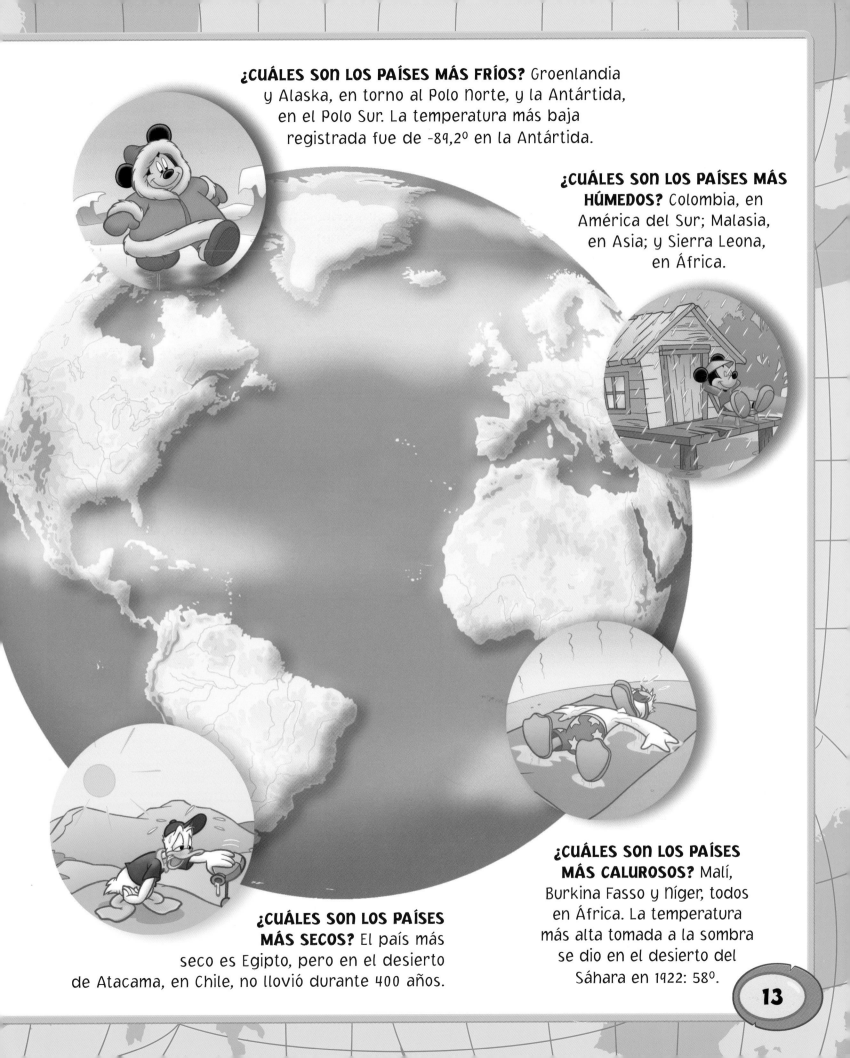

¿CUÁLES SON LOS PAÍSES MÁS FRÍOS? Groenlandia y Alaska, en torno al Polo Norte, y la Antártida, en el Polo Sur. La temperatura más baja registrada fue de -89,2º en la Antártida.

¿CUÁLES SON LOS PAÍSES MÁS HÚMEDOS? Colombia, en América del Sur; Malasia, en Asia; y Sierra Leona, en África.

¿CUÁLES SON LOS PAÍSES MÁS CALUROSOS? Malí, Burkina Fasso y Níger, todos en África. La temperatura más alta tomada a la sombra se dio en el desierto del Sáhara en 1922: 58º.

¿CUÁLES SON LOS PAÍSES MÁS SECOS? El país más seco es Egipto, pero en el desierto de Atacama, en Chile, no llovió durante 400 años.

13

¿Sabes cómo nacen las montañas? Las montañas surgen cuando los movimientos de la corteza de la Tierra hacen que las rocas se plieguen o incluso que choquen dos bloques de tierra. Las montañas se agrupan en **cordilleras**. La cordillera del Himalaya, en Asia, es la más grande de todas y tiene la montaña más alta del mundo: el monte Everest, de 8 848 metros.

Hay una especie de montañas que en la cima tienen un profundo agujero. Son los **volcanes** y, a veces, en ellos se producen explosiones. Cuando sucede esto, por la boca de los volcanes empiezan a salir trozos de roca y también ríos de fuego que se llama **magma**.

Cuando la Tierra se mueve se está produciendo un **terremoto**. Asustan mucho porque se abren grietas en el suelo, se mueven las casas y, a veces, hasta se caen.

¿POR QUÉ SE CONTAMINA NUESTRO PLANETA?

Aunque no nos demos cuenta, a menudo hacemos mucho daño a nuestro planeta: ensuciamos el aire que respiramos con el humo de las fábricas, de los coches, de las chimeneas de nuestras casas, del tabaco, haciendo que el aire que nos rodea esté cada vez más contaminado. Así, la atmósfera, que nos protege de la luz y del calor del Sol, se va deteriorando por culpa de la **contaminación** y cada vez nos protege menos.

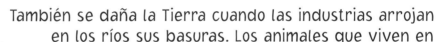

También se daña la Tierra cuando las industrias arrojan en los ríos sus basuras. Los animales que viven en esos ríos enferman y mueren. Además, cuando esas aguas se evaporan, llegan a las nubes, caen en forma de lluvia y se extiende toda esa suciedad.

Los árboles son muy útiles para el ser humano. Entre otras cosas se utilizan para fabricar papel, lo cual requiere gran cantidad de madera, por lo que es necesario reutilizar y reciclar todo el papel que sea posible. Se talan demasiados bosques; además, los incendios destruyen muchos de ellos, bien por un descuido nuestro como tirar una colilla, o bien por encender un fuego donde no se debe.

EL MUNDO

Ya hemos visto que la tierra que ocupamos se divide en continentes, los cuales se extienden en su mayor parte por el Hemisferio Norte. ¡En ellos vivimos seis mil millones de personas!

Dentro de cada continente hay zonas independientes, separadas unas de otras por medio de fronteras. Estas zonas son los **países**. Cada país tiene un nombre, una bandera, un gobierno y una capital.

Superficie continental:
149 400 000 km².
Superficie oceánica:
360 700 000².
La isla más grande:
Groenlandia, 2 175 600 km².
El pico más alto:
El Everest, y sus 8 848 m de altura.

La mayor profundidad:
Las Marianas, cuyas aguas tienen una profundidad de 11 020 m.
El río más largo:
El río Nilo, con 6 670 km de longitud.
El mayor desierto:
El del Sáhara, y sus 9 100 000 km² de superficie.
El lago más grande:
El lago Victoria, 69 484 km².
El país más grande:
Rusia.
El país más poblado:
China.
La mayor ciudad:
Tokio.

Al número de personas que viven en un determinado lugar se le denomina **población**. En los países industrializados, las personas tienen mayor **esperanza de vida**, es decir, viven más que en los países subdesarrollados. Además, en todo el mundo las mujeres alcanzan una edad más avanzada que los hombres.

¿Qué son las **razas**? Son grupos de personas con unas mismas características físicas. Generalmente, se habla de tres razas: la **raza blanca**, a la que pertenece más de la mitad de la población mundial; la **raza amarilla**, que mayoritariamente se encuentra en Asia; y la **raza negroide**, localizada principalmente en África. Los contactos continuos entre personas de diferentes razas han provocado la aparición de grupos que mezclan elementos de varias razas. Este proceso de mezcla se llama **mestizaje**.

Otra característica que diferencia a las personas es la **lengua** que hablan. La lengua es muy importante porque es el modo que tienen los pueblos del mundo para comunicarse con los demás y también para transmitir su cultura. El número total de lenguas que se hablan en el mundo superan las 3 000.

La **religión** también define la cultura de un país. En las religiones más antiguas, el dios solía estar relacionado con un elemento natural. Luego, los dioses adoptaron forma humana o semihumana, como ocurría con los griegos. Hay religiones que creen en un solo Dios. Otras creen en muchos dioses. Y algunas buscan la iluminación espiritual en el interior de cada individuo. Las religiones más extendidas son el cristianismo, el islamismo, el hinduísmo, el budismo y el judaísmo.

¿Sabes cuál es el país donde hay menos habitantes?

El Vaticano, con unos 1 000 habitantes.

¿Sabes cuál es la lengua más hablada?

El chino mandarín, utilizada por más de 1000 millones de personas.

Como ves, las diferencias que pueden existir entre los habitantes de los distintos lugares del mundo pueden ser muy acusadas, por lo que el entendimiento entre los países se hace difícil. Para intentar que la convivencia sea más fácil y que no surjan tensiones ni conflictos entre países, se creó en 1945 la **ONU**, Organización de las Naciones Unidas, un organismo internacional encargado de velar por la paz en el mundo por medio del diálogo y la cooperación.

Cuando se fundó la ONU, fueron 51 los países que formaron parte de ella; hoy son 185, casi todos los del mundo. Estos países se comprometen a proteger los derechos humanos, la igualdad entre hombres y mujeres y el respeto a todos los individuos sin tener en cuenta su raza, religión, lengua, nacionalidad o sexo.

Dentro de la ONU está la **UNICEF**, encargada de hacer que se cumplan los derechos de los niños.

MAPA DEL MUNDO

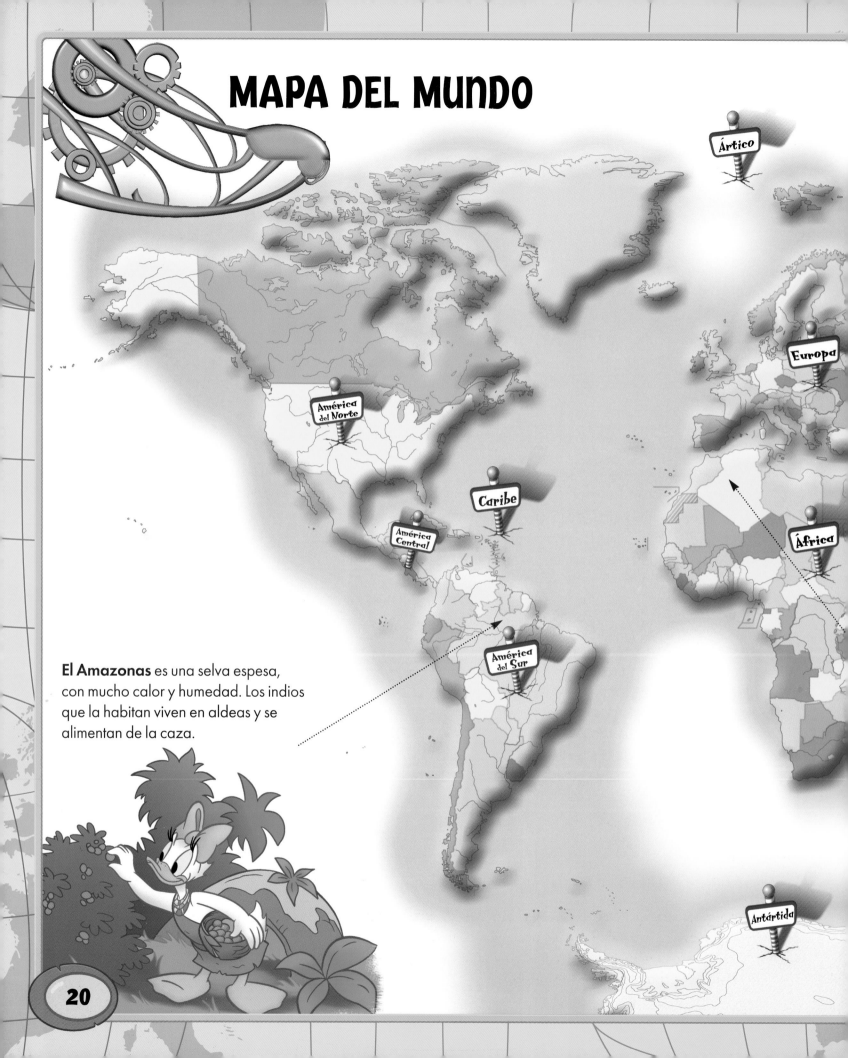

Ártico

Europa

América
del Norte

Caribe

África

América
Central

América
del Sur

El **Amazonas** es una selva espesa,
con mucho calor y humedad. Los indios
que la habitan viven en aldeas y se
alimentan de la caza.

Antártida

El Himalaya es la cordillera más alta del mundo y está en Asia. Sus habitantes van de un lado a otro con sus rebaños de ovejas, cabras y yaks. El yak se parece a la vaca, da leche y su piel se aprovecha para construir tiendas y hacer vestidos.

Asia

Oceanía

Australia

Las personas que habitan **el desierto del Sáhara**, como los beduinos, son nómadas, es decir, van de un lugar a otro buscando comida para sus camellos y sus cabras. Viven en tiendas hechas con pieles de animales.

ÁFRICA

ÁFRICA es enorme: es el segundo continente más grande, después de Asia. Por el norte está bañado por el mar Mediterráneo; por el oeste por el océano Atlántico; y por el océano Índico y el mar Rojo por el este.

NÚMEROS

Superficie:
30 319 000 km².

Habitantes:
553 000 000

Punto más elevado:
El monte Kilimanjaro, que está en Tanzania y tiene 5 895 m de altura.

Punto más bajo:
El lago Assal, en Yibuti, a 150 m bajo el nivel del mar.

Río más largo:
El río Nilo, con 6 670 km de longitud.

Mayor desierto:
El del Sáhara, y sus 9 100 000 km² de superficie.

Lago más grande:
El lago Victoria, 69 484 km².

Número de países:
53

País más grande:
Sudán.

País más pequeño:
Islas Seychelles.

ÁFRICA físico

El **desierto del Sáhara** es el más grande del mundo y la zona más calurosa de la Tierra. Casi todo está cubierto de arena, excepto los oasis, lugares donde hay agua y plantas.

El **río Nilo** es el más largo del mundo. Nace en Burundi y desemboca en el Mediterráneo formando un delta. Los países regados por sus aguas tienen abundante agricultura.

El **monte Kilimanjaro** es la mayor altura de África. Es un volcán, pero está apagado. Su cima está cubierta de nieve todo el año.

El punto más bajo de África es el **lago Assal**, a 150 m bajo el nivel del mar. Cuando el agua de este lago se evapora, quedan al descubierto pequeñas islas de sal.

¿Sabías que...?

El **desierto** es un territorio arenoso en el que apenas llueve, por eso no hay vegetación.

La **sabana** es una llanura extensa en la que casi no hay árboles.

La **selva** es un terreno extenso y húmedo donde hay mucha vegetación.

Un **delta** es la desembocadura de un río que forma varios brazos.

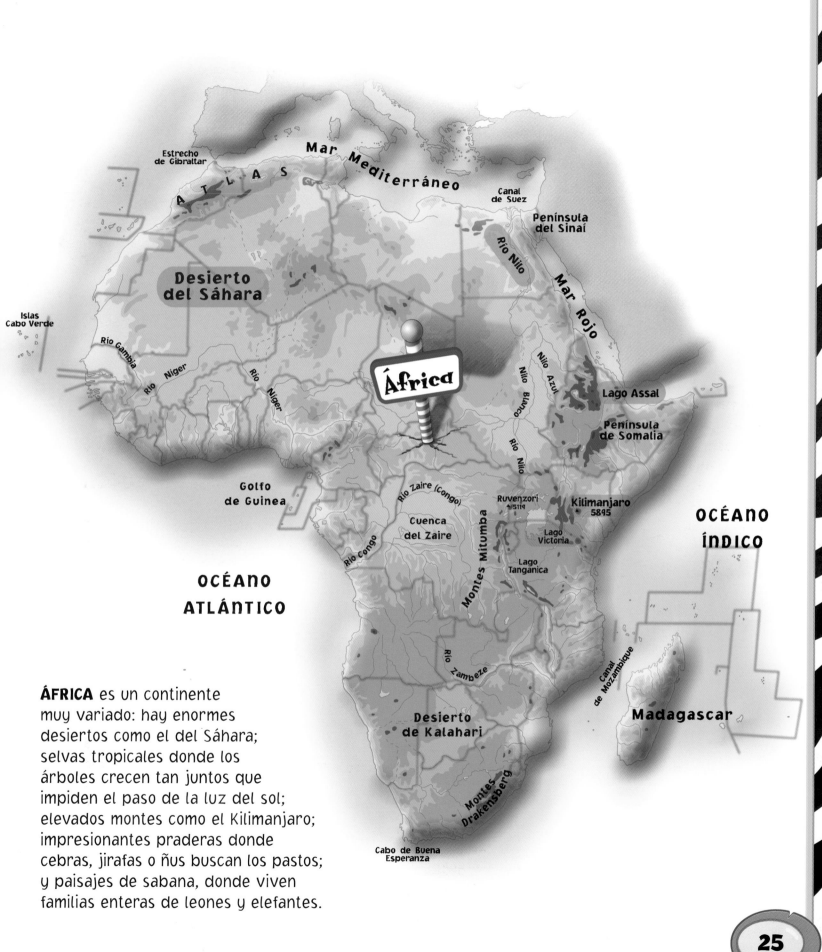

Estrecho de Gibraltar

Mar Mediterráneo

ATLAS

Canal de Suez

Península del Sinaí

Río Nilo

Mar Rojo

Desierto del Sáhara

Islas Cabo Verde

Río Gambia

Río Niger

Río Niger

Río

Nilo Blanco

Nilo Azul

Lago Assal

Península de Somalia

Río Nilo

Áfrïca

Golfo de Guinea

Río Zaire (Congo)

Cuenca del Zaire

Río Congo

Ruvenzori 5119

Kilimanjaro 5895

OCÉANO ÍNDICO

Montes Mitumba

Lago Victoria

Lago Tanganica

OCÉANO ATLÁNTICO

Río Zambeze

Canal de Mozambique

Madagascar

ÁFRICA es un continente muy variado: hay enormes desiertos como el del Sáhara; selvas tropicales donde los árboles crecen tan juntos que impiden el paso de la luz del sol; elevados montes como el Kilimanjaro; impresionantes praderas donde cebras, jirafas o ñus buscan los pastos; y paisajes de sabana, donde viven familias enteras de leones y elefantes.

Desierto de Kalahari

Montes Drakensberg

Cabo de Buena Esperanza

ÁFRICA político

La actividad económica más importante de **Liberia** es la explotación del caucho.

Ghana tiene grandes cultivos de cacao del cual es el mayor exportador.

¿Sabías que **Botsuana** es el primer productor de diamantes del mundo?

La **República Sudafricana** es el primer productor mundial de oro, por eso es uno de los países más ricos de África. Sin embargo, no toda la población se ha beneficiado de esta riqueza, pues durante muchos años a los habitantes de raza negra se les negaron sus derechos.

A **Kenia** llegan muchos turistas todos los años para visitar sus reservas de animales salvajes y sus parques naturales.

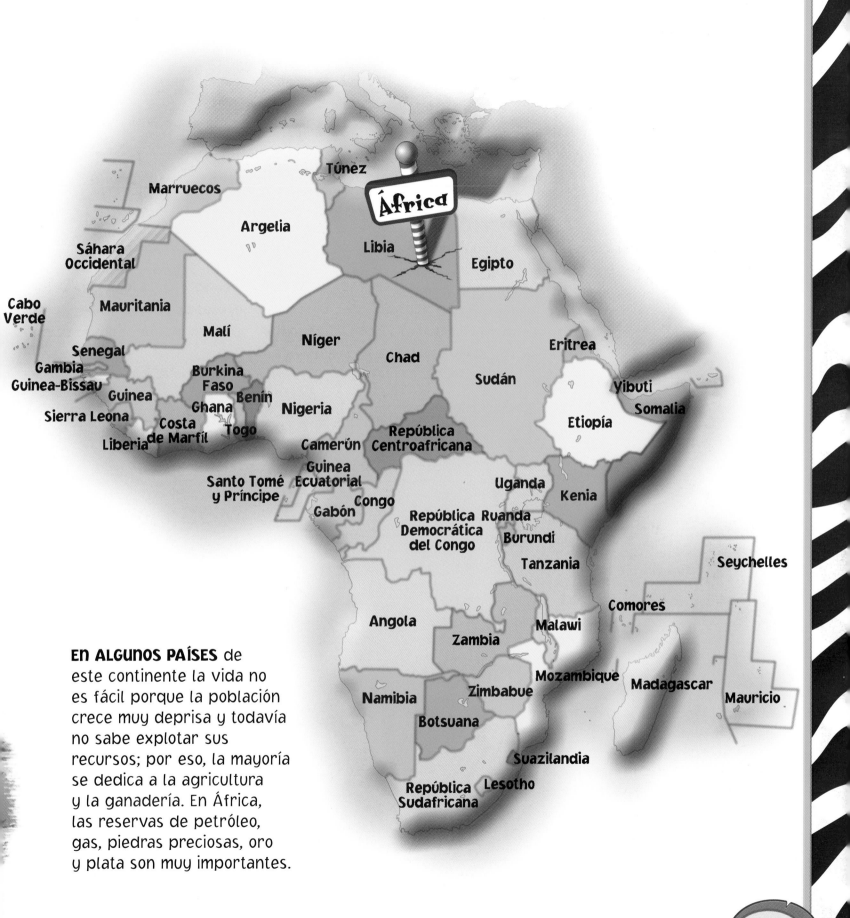

EN ALGUNOS PAÍSES de este continente la vida no es fácil porque la población crece muy deprisa y todavía no sabe explotar sus recursos; por eso, la mayoría se dedica a la agricultura y la ganadería. En África, las reservas de petróleo, gas, piedras preciosas, oro y plata son muy importantes.

África

Túnez
Marruecos
Argelia
Libia
Egipto
Sáhara Occidental
Mauritania
Cabo Verde
Malí
Níger
Chad
Eritrea
Sudán
Yibuti
Senegal
Gambia
Burkina Faso
Benín
Nigeria
Somalia
Guinea-Bissau
Guinea
Ghana
Etiopía
Sierra Leona
Costa de Marfil
Togo
Liberia
Camerún
República Centroafricana
Santo Tomé y Príncipe
Guinea Ecuatorial
Uganda
Kenia
Gabón
Congo
República Democrática del Congo
Ruanda
Burundi
Tanzania
Seychelles
Comores
Angola
Malawi
Zambia
Mozambique
Madagascar
Mauricio
Namibia
Zimbabue
Botsuana
Suazilandia
República Sudafricana
Lesotho

ÁFRICA SEPTENTRIONAL

ÁFRICA DEL NORTE está ocupada en gran parte por el desierto del Sáhara, que determina el paisaje y el clima de los países de la zona. El Sahara separa los países árabes, cercanos al Mediterráneo y descendientes de culturas antiguas, de la llamada África Negra, heredera de ricas y variadas tradiciones.

Tutankamón fue un faraón del Antiguo Egipto. En 1922, el arqueólogo británico Howard Carter descubrió su tumba en el **Valle de los Reyes**; allí estaba su cuerpo momificado y todos sus tesoros: muebles, piedras preciosas, oro, etc.

De **Senegal** son famosas sus máscaras de madera tallada y sus instrumentos musicales hechos con calabazas.

Sudán es el país más grande de África. Allí crece un tipo de acacia de la que se extrae un líquido gomoso, usado para fabricar medicinas, tintes y pinturas: es la goma arábiga.

Nigeria es el país más poblado de África. En la antigüedad, era el punto de encuentro de los mercaderes del centro y el norte con los habitantes de las selvas costeras. ¡En este país hay más de 250 etnias o razas diferentes!

La mayor parte de **Argelia** la ocupa el desierto del Sáhara, donde viven los tuareg, pastores nómadas de cabras y camellos. Los montes Atlas separan el desierto de la zona costera, con ciudades situadas en colinas, llenas de árboles y fértiles llanuras.

En el **lago Chad** los camellos que cruzan el desierto sacian su sed. ¿Sabías que un camello puede beber 100 litros de agua en diez minutos?

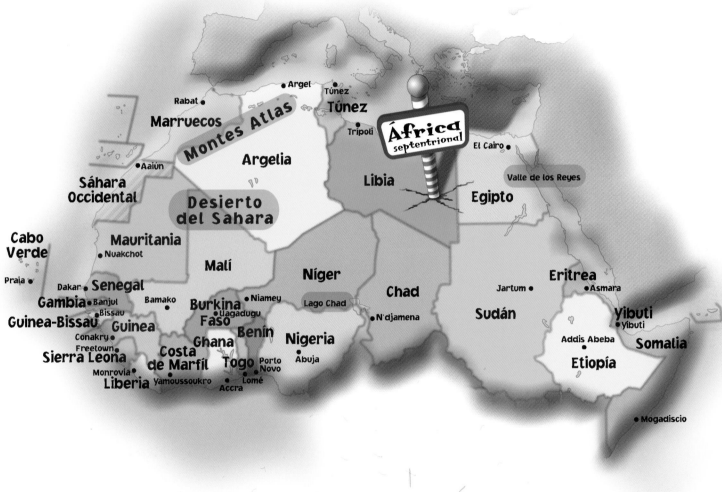

A **Yibuti** lo llaman "el Valle del Infierno" por el calor que hace. Tiene un paisaje muy espectacular, con montañas negras de lava que contrastan con los blancos lagos de sal de la costa. Aquí está el punto más bajo de África: el lago Assal.

29

ÁFRICA CENTRAL Y MERIDIONAL

EN LA PARTE CENTRAL Y MERIDIONAL
de África se sitúa la llamada "África negra". La población, en su mayoría, es de raza negra. Durante mucho tiempo, los habitantes de estos países fueron capturados por los blancos para utilizarlos como esclavos. Hoy la situación ha cambiado y la esclavitud y el racismo han ido desapareciendo.

Cuando en el siglo XV los portugueses llegaron a las tierras que hoy son **Camerún**, en el río Wouri encontraron cangrejos, pero pensaron que eran camarones, *camaroes* en portugués, y por eso este país se llama así.

En **Namibia** se encuentra una parte del desierto de Kalahari, desde donde se contempla un espectáculo único: ¡dunas de arena que alcanzan los 300 metros de altura y que avanzan con el viento!

La quema de bosques para preparar la tierra para el cultivo ha convertido buena parte del territorio de **Ruanda** en sabana. Con la desaparición de los árboles, también desaparece el hogar de los gorilas, que encuentran refugio en el Parque Nacional de los Volcanes.

En la **República Democrática del Congo** se encuentra una de las últimas reservas de animales del mundo. El gobierno ha convertido grandes zonas en parques nacionales. Entre los animales protegidos está el okapi, que sólo vive en este país y que es su símbolo nacional.

Zambia se llama así por el río Zambeze, uno de los más largos de África. Este río cae en las espectaculares cataratas Victoria, las más famosas de todo el continente.

República Centroafricana
• Bangui

Camerún
• Yaundé

Malabo
Guinea Ecuatorial

Santo Tomé y Príncipe
Libreville
Santo Tomé

Congo
Gabón

República Democrática del Congo

Uganda
• Kampala

Ruanda
• Kigali

Kenia
• Nairobi

Brazzaville
• Kinshasa

Bujumbura • Burundi

Cabinda (Angola)

Dodoma •

Victoria
•

Seychelles

• Luanda

Tanzania

Angola

Malawi

Comores
Moroni •

África central y meridional

Zambia
Lusaka •

Cataratas Victoria
Lilongwe •

Harare

Río Zambeze

Mozambique

Antananarivo •

Madagascar

Mauricio
• Port-Louis

Namibia
Windhoek •

Zimbabue

Botsuana
Gaborone •

Desierto de Kalahari

Mbabane • Maputo
• Suazilandia

• Maseru

República Sudafricana
Lesotho

Ciudad del Cabo

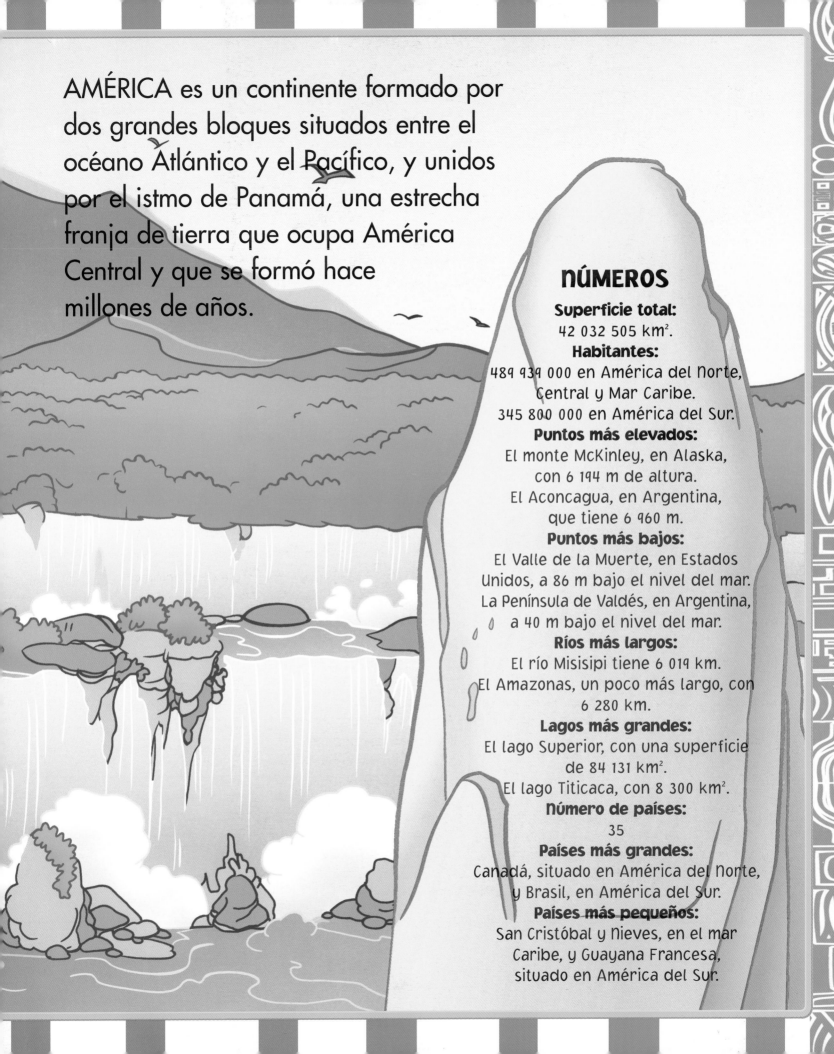

AMÉRICA es un continente formado por dos grandes bloques situados entre el océano Atlántico y el Pacífico, y unidos por el istmo de Panamá, una estrecha franja de tierra que ocupa América Central y que se formó hace millones de años.

NÚMEROS

Superficie total:
42 032 505 km².
Habitantes:
489 939 000 en América del Norte, Central y Mar Caribe.
345 800 000 en América del Sur.
Puntos más elevados:
El monte McKinley, en Alaska, con 6 194 m de altura.
El Aconcagua, en Argentina, que tiene 6 960 m.
Puntos más bajos:
El Valle de la Muerte, en Estados Unidos, a 86 m bajo el nivel del mar.
La Península de Valdés, en Argentina, a 40 m bajo el nivel del mar.
Ríos más largos:
El río Misisipi tiene 6 019 km.
El Amazonas, un poco más largo, con 6 280 km.
Lagos más grandes:
El lago Superior, con una superficie de 84 131 km².
El lago Titicaca, con 8 300 km².
Número de países:
35
Países más grandes:
Canadá, situado en América del Norte, y Brasil, en América del Sur.
Países más pequeños:
San Cristóbal y Nieves, en el mar Caribe, y Guayana Francesa, situado en América del Sur.

El paso que comunica el océano Atlántico con el Pacífico se llama **Canal de Panamá**. Mide 84 km, y por él pasan al año ¡12 000 barcos! Como el terreno presenta diferentes alturas, hay esclusas o compuertas para que los barcos puedan desplazarse.

¿Sabías que...?

Un **afluente** es un río que desemboca en otro mayor.

Un **istmo** es la franja que une dos grandes bloques de tierra.

El **lago Superior** es el más extenso de los Grandes Lagos (el mayor grupo de lagos del mundo).

El **río Misisipi** recorre Estados Unidos desde Minnesota al golfo de México y es el río más largo de América septentrional.

El **Valle de la Muerte** es el punto más bajo, a 86 m bajo el nivel del mar. Es tan caluroso que en 1913 se llegaron a alcanzar ¡56.7°!

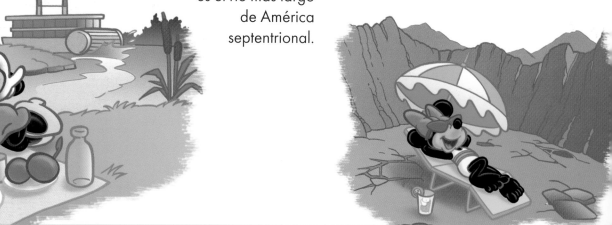

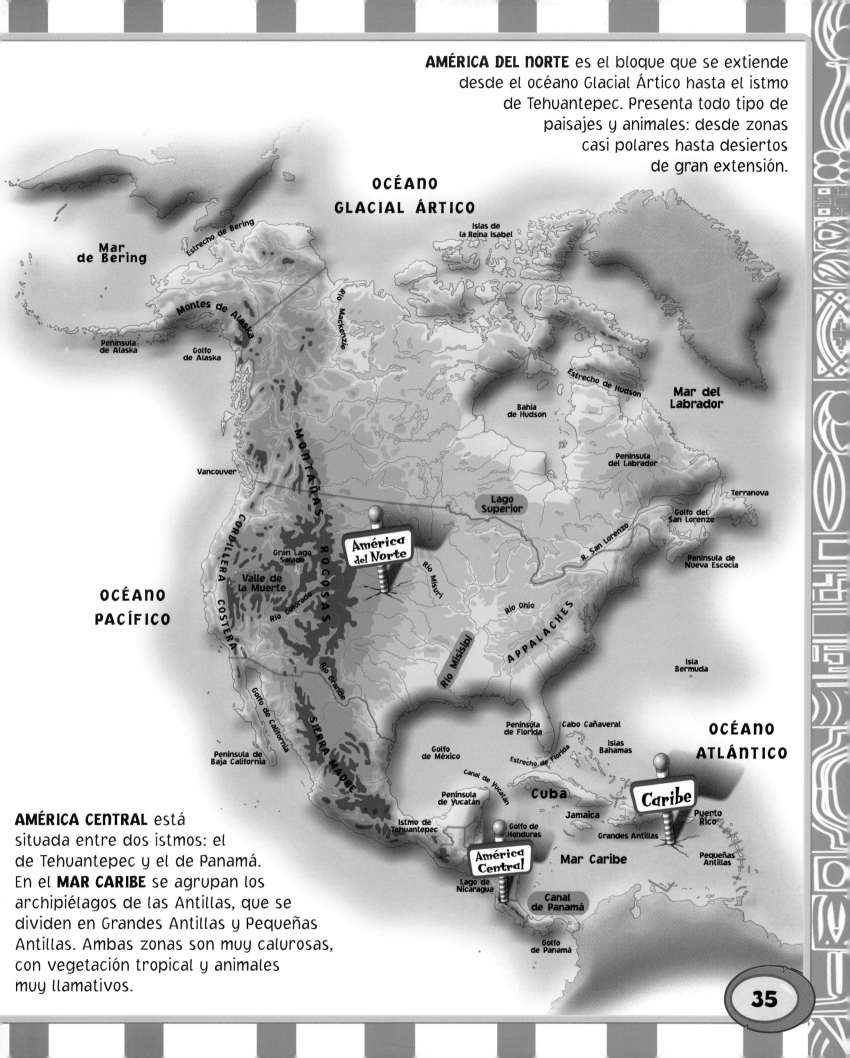

AMÉRICA DEL NORTE es el bloque que se extiende desde el océano Glacial Ártico hasta el istmo de Tehuantepec. Presenta todo tipo de paisajes y animales: desde zonas casi polares hasta desiertos de gran extensión.

OCÉANO GLACIAL ÁRTICO

Mar de Bering

Islas de la Reina Isabel

Estrecho de Bering

Montes de Alaska

Península de Alaska

Golfo de Alaska

Río Mackenzie

Estrecho de Hudson

Mar del Labrador

Bahía de Hudson

Península del Labrador

Vancouver

Terranova

Lago Superior

Golfo del San Lorenzo

América del Norte

R. San Lorenzo

Península de Nueva Escocia

MONTAÑAS ROCOSAS

Gran Lago Salado

Río Misuri

Río Ohio

Valle de la Muerte

APPALACHES

OCÉANO PACÍFICO

CORDILLERA COSTERA

Río Colorado

Río Grande

Río Mísisipi

Isla Bermuda

SIERRA MADRE

Golfo de California

Península de Baja California

Península de Florida

Cabo Cañaveral

OCÉANO ATLÁNTICO

Golfo de México

Islas Bahamas

Estrecho de Florida

Canal de Yucatán

Cuba

Caribe

Península de Yucatán

Jamaica

Puerto Rico

Istmo de Tehuantepec

Golfo de Honduras

Grandes Antillas

Pequeñas Antillas

América Central

Mar Caribe

Lago de Nicaragua

Canal de Panamá

Golfo de Panamá

AMÉRICA CENTRAL está situada entre dos istmos: el de Tehuantepec y el de Panamá. En el **MAR CARIBE** se agrupan los archipiélagos de las Antillas, que se dividen en Grandes Antillas y Pequeñas Antillas. Ambas zonas son muy calurosas, con vegetación tropical y animales muy llamativos.

Canadá es
el cuarto mayor exportador de madera y pasta de papel del mundo.

Honduras
es uno de los
mayores productores mundiales de banano. El nombre de este país se debe a que las aguas que bañan sus costas son las más profundas del mar Caribe.

Estados Unidos es el primer productor mundial de cobre, petróleo, soja y maíz; ¿sabías que es el lugar donde más automóviles se fabrican?

México es un país rico en plata y en historia. Fue tierra de grandes imperios: el olmeca, el tolteca y el azteca.

Alaska
(Estados Unidos)

Canadá

América del Norte

Estados Unidos

Bermuda
(Reino Unido)

Caribe

Bahamas

México

Cuba

América Central

República Dominicana

San Cristóbal

Haití

Puerto Rico

Antigua y Barbuda

Guatemala **Belice**

Jamaica

Dominica

Honduras

San Vicente y Granadina

Santa Lucía

El Salvador

Nicaragua

Granada

Barbados

Panamá

Costa Rica

¿Sabías que **Las Bahamas** es
un archipiélago de las Antillas,
formado por 29 islas, 661 islotes
y unos 2 400 arrecifes?

AMÉRICA DEL NORTE (ALASKA Y CANADÁ)

AUNQUE ALASKA pertenece a Estados Unidos, forma con Canadá una región de condiciones parecidas. Esta región limita con el océano Glacial Ártico por el norte, con el océano Pacífico por el oeste y con el Atlántico por el este.

Alaska es el estado más grande de Estados Unidos. En él se encuentra el **monte McKinley**, la mayor altura de la zona con 6 194 m, situado en el Parque Nacional Denali.

En Canadá hay numerosos lagos, algunos compartidos con Estados Unidos, como los Grandes Lagos: **Superior, Michigan, Hurón, Erie** y **Ontario**. También son importantes el **Gran Lago de los Osos** y el de **los Esclavos**.

El hockey sobre hielo es el deporte más popular de **Canadá**. También se practican el esquí y el patinaje.

En las Montañas Rocosas, en el estado de Alberta, está el **Parque Nacional de Jasper**, un lugar muy hermoso, sobre todo por la presencia del glaciar Athabaska.

OCÉANO GLACIAL ÁRTICO

Alaska

Alaska
(Estados Unidos)

Monte Mckinley 6194

Gran Lago
de los Osos

Canadá

Gran Lago
de los Esclavos

OCÉANO PACÍFICO

Parque Nacional
de Jasper

Canadá

Lago
Superior

Lago
Hurón

Lago
Michigan

Otawa

Cataratas
del Niágara

Lago
Ontario

Lago
Eire

OCÉANO ATLÁNTICO

¿Sabías que...?

Un **glaciar** es una gran masa de hielo que se desliza lentamente por las montañas.

Una **catarata** es un gran salto de agua provocado por un descenso brusco del terreno.

CANADÁ es el segundo país más grande del mundo. El norte es la zona menos habitada, pues los inviernos son muy fríos. La población se concentra en el sur, cerca de Estados Unidos. Este país tiene muchos recursos naturales: árboles, pescado, petróleo, gas natural, y cuenta con una industria muy moderna y variada. ¿Sabes por qué Canadá está considerado "el granero del mundo"? Por su gran producción de avena, cebada, trigo, maíz...

Las **Cataratas del Niágara** son una espectacular caída de agua del río Niágara, que procede de los Grandes Lagos.

39

ESTADOS UNIDOS es el cuarto país más grande del mundo. Tiene 50 estados, dos de los cuales están separados del resto: Alaska, al norte de Canadá y Hawai, en el Pacífico. Es uno de los países más ricos del mundo. Además de estar a la cabeza en casi todos los sectores, dispone de grandes recursos naturales y su industria es la más desarrollada del mundo.

10, 9, 8, 7, 6... En **Cabo Cañaveral**, en el estado de Florida, está uno de los centros de lanzamientos de cohetes más famosos del mundo, la NASA. Desde aquí salió el Apolo XI, que llevó a los astronautas que pisaron la Luna por primera vez, el 21 de julio de 1969.

En el estado de Wyoming está el **Parque Nacional de Yellowstone**. En él se puede admirar el géiser Old Faithful, un chorro intermitente de agua muy, muy caliente, que surge del interior de la tierra. ¡Es impresionante!

En las montañas de **Sierra Nevada**, en el estado de California, crecen los árboles más altos del mundo: las secuoyas. ¿Sabes que pueden alcanzar 110 m de altura?

Alaska

Estados Unidos

El jazz nació en **Nueva Orleans**, en el estado de Luisiana, hacia el año 1900; era la forma de expresarse de los habitantes de raza negra.

Washington

Oregón
Idaho
Montana
Dakota del Norte
Minnesota
Michigan
Vermont
Maine

Nevada
Wyoming
Dakota del Sur
Wisconsin
Nueva York
New Hampshire
Massachusetts

Islas Hawai
(Estados Unidos)
Utah
Nebraska
Iowa
Detroit.
Ohio
Pensilvania
Nueva York
Rhode Island
Connecticut

California
Colorado
Kansas
Illinois
Indiana
Maryland
Nueva Jersey

Arizona
Misuri
Virginia
Delaware

Los Angeles ·
Nuevo México
Oklahoma
Kentucky
Washington·
Virginia Occidental

Tennesse
Carolina del Norte

Arkansas
Misisipi
Georgia
Carolina del Sur

Texas
Alabama

Luisiana ·
Nueva Orleans
Florida

Miami ·

Puerto Rico

¿Sabías que...?

La superficie total de Estados Unidos es de 9 371 900 km².

La distancia más larga entre la costa este y la oeste es de 4 519 km.

El estado más alto es el de Colorado, 2 070 m de altura.

El estado más bajo es Delaware, a 18 m sobre el nivel del mar.

Estados Unidos tiene 12 937 km de costa.

AMÉRICA DEL NORTE
(ESTADOS UNIDOS)

Probablemente te resulte familiar la ciudad de **Los Ángeles**, en California, ya que allí está ¡Hollywood! Además, es la segunda ciudad más grande de Estados Unidos.

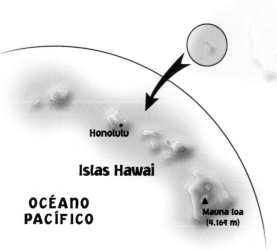

El archipiélago de **Hawai** pertenece a Estados Unidos desde 1959. Está situado en el Pacífico, en la Polinesia. Su capital es Honolulu y es uno de los paraísos para los aficionados al surf.

OCÉANO ATLÁNTICO

Puerto Rico

Isla Desecho

San Juan

Isla de la Culebra

Cordillera central

Isla Mona

Isla Vieques

Isla Caja de Muertos

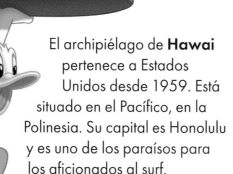

Honolulu

Islas Hawai

OCÉANO PACÍFICO

▲ Mauna loa (4.169 m)

Puerto Rico, isla del Archipiélago de las Antillas, es un estado libre asociado a Estados Unidos. Su temperatura y su belleza atraen a muchos visitantes, aunque los huracanes provocan fuertes lluvias entre agosto y octubre.

Este archipiélago está formado por ocho islas de origen volcánico. Allí se encuentra el **Parque Nacional de los Volcanes**, donde el Mauna Loa, aún activo, se puede considerar el volcán más grande de la Tierra, con una altura de 9 km si se tiene en cuenta la base desde el lecho marino.

México ha experiemtnado la influencia de una rica mezcla de tradiciones y culturas. Su paisaje es extraordinariamente diverso, apenas unos kilómetros separan las llanuras costeras tropicales de altas montañas, volcanes y desiertos. La superficie del país es de 1 967 183 km2 y está formado por 31 estados y su capital, el Distrito Federal.

La mariposa monarca recorre largas distancias para escapar del invierno o del fuerte calor. Llega año tras año de Canadá a los bosques de **México** para reproducirse y refugiarse del fuerte invierno.

Dos de las más importantes culturas que se desarrollaron en el México prehispánico fueron: los **mayas** y los **aztecas**. Los mayas construyeron ciudades de piedra y ricos templos; sabían mucho de matemáticas y astronomía. Los aztecas fueron finos artesanos, constructores de pirámides escalonadas y fundadores de un gran imperio, el imperio mexica.

América del Norte

BAJA CALIFORNIA NORTE
SONORA
CHIHUAHUA
COAHUILA
BAJA CALIFORNIA SUR
SINALOA
DURANGO
NUEVO LEÓN
ZACATECAS
TAMAULIPAS
SAN LUIS DE POTOSÍ
QUERÉTARO
HIDALGO
DISTRITO FEDERAL
TLAXCALA
PUEBLA
NAYARIT
AGUASCALIENTES
GUANAJUATO
JALISCO
COLIMA
Ciudad de México
MICHOACÁN
VERACRUZ
CAMPECHE
TABASCO
ESTADO DE MÉXICO
GUERRERO
OAXACA
MORELOS
CHIAPAS
Asentamientos Aztecas
Asentamientos Mayas
YUCATÁN
QUINTANA ROO

AMÉRICA CENTRAL está formada por los países que se encuentran entre los istmos de Tehuantepec y de Panamá, habitados por descendientes de españoles, indios o mestizos. En el **MAR CARIBE** están las islas que componen los archipiélagos de las Antillas, cuyos habitantes descienden en su mayoría de los esclavos de raza negra traídos de África.

¿Sabías que el nombre de **Jamaica** significa "isla de los manantiales"? Cuando Cristóbal Colón describió Jamaica dijo que era "la más hermosa isla jamás contemplada".

El **quetzal** es un ave de plumaje verde y rojo, y su larga cola puede alcanzar 90 cm. Esta ave es el símbolo de Guatemala.

Nicaragua es el país más grande de América Central. Al suroeste se encuentra el gran lago Nicaragua, en el que viven muchas especies acuáticas, incluso tiburones.

¿Sabías que **Granada** es un importante productor de especias como la canela, y que de ahí le viene su sobrenombre de "Isla de las Especias"?

En la isla de **Trinidad**, el petróleo ha surgido en la superficie y se ha formado el lago Pitch, un embalse de alquitrán de 84 m de profundidad, que es la mayor fuente mundial de asfalto.

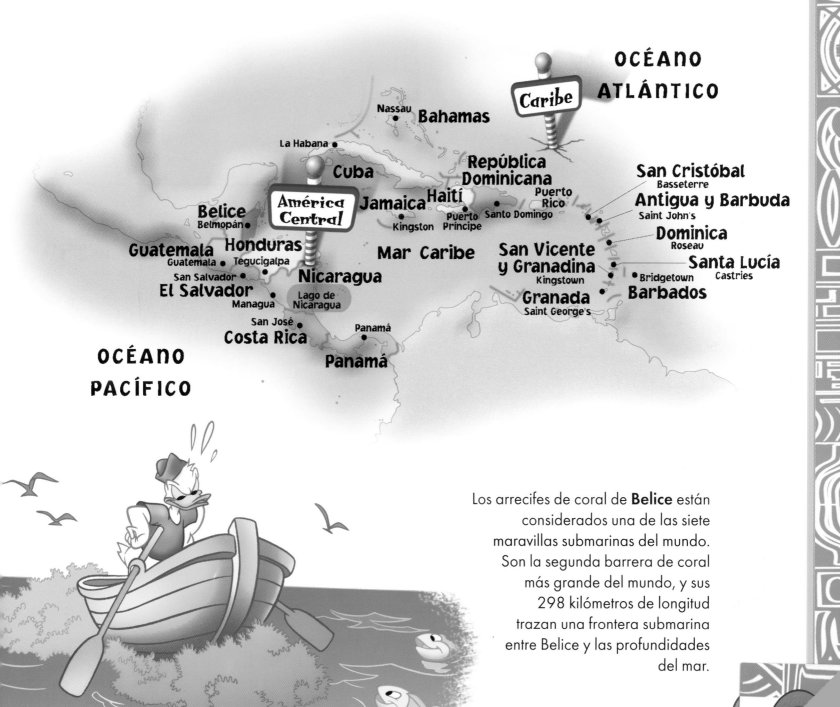

OCÉANO ATLÁNTICO

Caribe

Nassau • **Bahamas**

La Habana •

Cuba

República Dominicana

San Cristóbal
Basseterre

América Central

Jamaica **Haití**

Puerto Rico

Antigua y Barbuda
Saint John's

Belice
Belmopán •

Kingston • Puerto Príncipe Santo Domingo

Dominica
Roseau

Guatemala
Guatemala • • Tegucigalpa

Honduras

Mar Caribe

San Vicente y Granadina
Kingstown

Santa Lucía
Castries

San Salvador •

Nicaragua

• Bridgetown

El Salvador
• Managua

Lago de Nicaragua

Granada
Saint George's

Barbados

San José •

Costa Rica

Panamá •

Panamá

OCÉANO PACÍFICO

Los arrecifes de coral de **Belice** están considerados una de las siete maravillas submarinas del mundo. Son la segunda barrera de coral más grande del mundo, y sus 298 kilómetros de longitud trazan una frontera submarina entre Belice y las profundidades del mar.

AMÉRICA DEL SUR físico

AMÉRICA DEL SUR ocupa la parte meridional de este continente. Se extiende desde el sur del istmo de Panamá hasta el cabo de Hornos.

El río **Amazonas** es el más caudaloso del mundo y además el segundo más largo. ¡Tiene 200 afluentes!

La **Cordillera de los Andes** es la más larga del mundo. Tiene 7 250 km y recorre América del Sur por el oeste. Tiene varios picos de más de 6 000 m. El Aconcagua es la cumbre más alta de América.

Iguazú significa "agua grande". Las **cataratas del Iguazú** tienen una altura de 83 m y forman 275 cascadas a lo largo de 3 km.

¿Sabes dónde está el lugar más seco del mundo? En Chile: es el **desierto de Atacama**. ¡Después de 400 años, volvió a llover en 1971!

46

Mar
Caribe

LA VEGETACIÓN Y LA FAUNA son muy variadas y, sin embargo, los bosques están amenazados porque se están talando muchos árboles ya que se quieren aprovechar las tierras para el cultivo o construir minas y carreteras.

Golfo de Panamá

Río Orinoco

Río Magdalena

Río Potaro

Estuario del Amazonas

Islas Galápagos

Río Amazonas

América del Sur

Llanura Amazónica

Río Amazonas

Río Ucayali

Nevado Huascarán 6768

Río São Francisco

OCÉANO PACÍFICO

Lago Titicaca

Meseta del Mato Grosso

Meseta del Brasil

Desierto de Atacama

Río Paraguay

Río Paraná

Nevado Ojos del Salado 6893

Río Salado

Cataratas de Iguazú

Río Paraná

OCÉANO ATLÁNTICO

Aconcagua 6960

El **lago Titicaca** es el mayor de América del Sur y se encuentra en los Andes. ¡Es tan grande que por él navegan barcos de vapor!

PAMPA

Río de la Plata

Cordillera Patagónica

PATAGONIA

Mar Argentino

Islas Malvinas

EN AMÉRICA DEL SUR encontramos elevadas cimas en la cordillera de los Andes, con sus valles inmensos, praderas enormes, desiertos abrasadores o junglas exuberantes como la del Amazonas.

Estrecho de Magallanes

Cabo de Hornos

Tierra del Fuego

AMÉRICA DEL SUR político

Colombia es famosa por su café. Una vez recolectados los granos se lavan, se fermentan y se dejan secar al sol. Por último, se tuestan y ¡el café está listo para vender!

Venezuela era un país principalmente agrícola hasta que se hallaron enormes reservas de petróleo en el lago Maracaibo.

Perú es el cuarto país pesquero del mundo. Sardinas, anchoas o atún se enlatan o congelan para su exportación a todo el mundo.

Argentina produce cereales y carnes, entre las que destaca la de ñandú, (el avestruz americano).

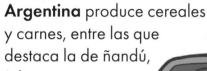

Brasil tiene grandes yacimientos de minerales. Es el segundo país productor de hierro y el primero de cuarzo.

Trinidad y Tobago

Venezuela

Guyana

Surinam

Guayana Francesa

Colombia

Ecuador

Islas Galápagos
(Ecuador)

Perú

Brasil

América del Sur

Bolivia

Paraguay

Chile

Argentina

Uruguay

Islas Malvinas
(Reino Unido)

**LOS PRIMEROS
CONQUISTADORES** de América
del Sur llegaron en el siglo XVI.
Se apropiaron de las tierras de los
nativos, cambiaron sus costumbres y
provocaron la muerte de mucha gente.
Una vez establecidos, los descendientes
de estos colonizadores europeos
lucharon por la independencia
con numerosas guerras que terminaron
con el nacimiento de 13 nuevos países.

BRASIL, que es el país más grande de América del Sur, destaca por su extensión y por su riqueza. Los países de la cordillera de los Andes como **COLOMBIA**, **ECUADOR**, **PERÚ** y **BOLIVIA** viven de la tierra. Más al norte, **VENEZUELA** es la nación más rica de esta parte del continente, gracias a las reservas petrolíferas del lago Maracaibo. **GUYANA** y **SURINAM** son dos pequeños países que miran al Atlántico. La **GUAYANA FRANCESA** pertenece a Francia.

Las **islas Galápagos** están a 1 000 km de Ecuador. Se llaman así por sus tortugas gigantes, únicas en el mundo.

El fútbol es el deporte nacional de **Brasil**. En todas partes, los niños dan patadas al balón aspirando a llegar a ser como Pelé o Ronaldo.

La mitad de las esmeraldas del mundo se producen en **Colombia**. Las más puras se encuentran en Muzo, al norte de Bogotá.

En Venezuela están las cataratas más altas del mundo: el **Salto del Ángel**, que caen sobre la selva desde 979 m. Se hicieron famosas en 1937 cuando el piloto James Angel les dio su nombre.

Guyana significa "tierra de muchos ríos". Uno de ellos es el Potaro, que tiene una caída de 226 m en las impresionantes cataratas Kaiteur.

Trinidad y Tobago

Puerto España

Caracas

Venezuela

Santafé de Bogotá

Georgetown

Paramaribo

Salto del Ángel

Colombia

Surinam

Guyana

Guayana Francesa

Quito

Muzo

Cataratas Kaiteur

Islas Galápagos (Ecuador)

Ecuador

América del Sur septentrional

Machu Pichu

Selva Amazónica

Perú

Brasil

Lima

La Paz

Brasilia

Bolivia

Perú era el centro del extenso imperio inca. Allí construyeron edificaciones con grandes bloques de piedra, como puede observarse en las ruinas de Machu Pichu.

La **selva amazónica** es un tesoro. En ella viven muchísimas especies animales y vegetales, y sus árboles son un auténtico pulmón que purifica el aire. Sin embargo, está en peligro, porque el hombre está talando sus árboles y explotándola excesivamente.

La **Isla de Pascua** pertenece a Chile y está situada a 4 000 km de la costa. ¿Sabías que en ella hay unas 600 estatuas esculpidas en piedra llamadas "moais"?

Los **gauchos** vivieron en las llanuras de Argentina, Uruguay y Brasil entre los siglos XVIII y XIX. Eran hijos de padre español y madre india, y se dedicaban a la ganadería montados a caballo.

Uruguay es uno de los países más pequeños de América del Sur. Montevideo, su capital, concentra casi la mitad de la población. Los turistas acuden atraídos por sus playas y también por sus carnavales.

En el oriente de Paraguay se da la **yerba mate**: con sus hojas se prepara una bebida muy popular en Paraguay, Argentina, Uruguay y Brasil también llamada mate. Se bebe en una calabaza con una pajita de metal.

La Pampa es una extensa región argentina con prados y pastos muy fértiles.

América del Sur meridional

Isla de Pascua (Chile)

Chile

Paraguay

• Asunción

Argentina

Santiago de Chile •

Buenos Aires •

Uruguay

• Montevideo

La Pampa Argentina

Islas Malvinas (Reino Unido)

ARGENTINA, el segundo país más grande de América del Sur, es famosa por sus enormes praderas. **CHILE** es un país muy largo y estrecho. Su paisaje es muy variado, con desiertos como el de Atacama en el norte, montañas, glaciares, bosques en el sur, y tierras fértiles en la región central. **PARAGUAY** es un país sin salida al mar, situado en el centro de América del Sur, que destaca por sus verdes praderas y espesos bosques. **URUGUAY** tiene un largo litoral lleno de playas arenosas.

ASIA

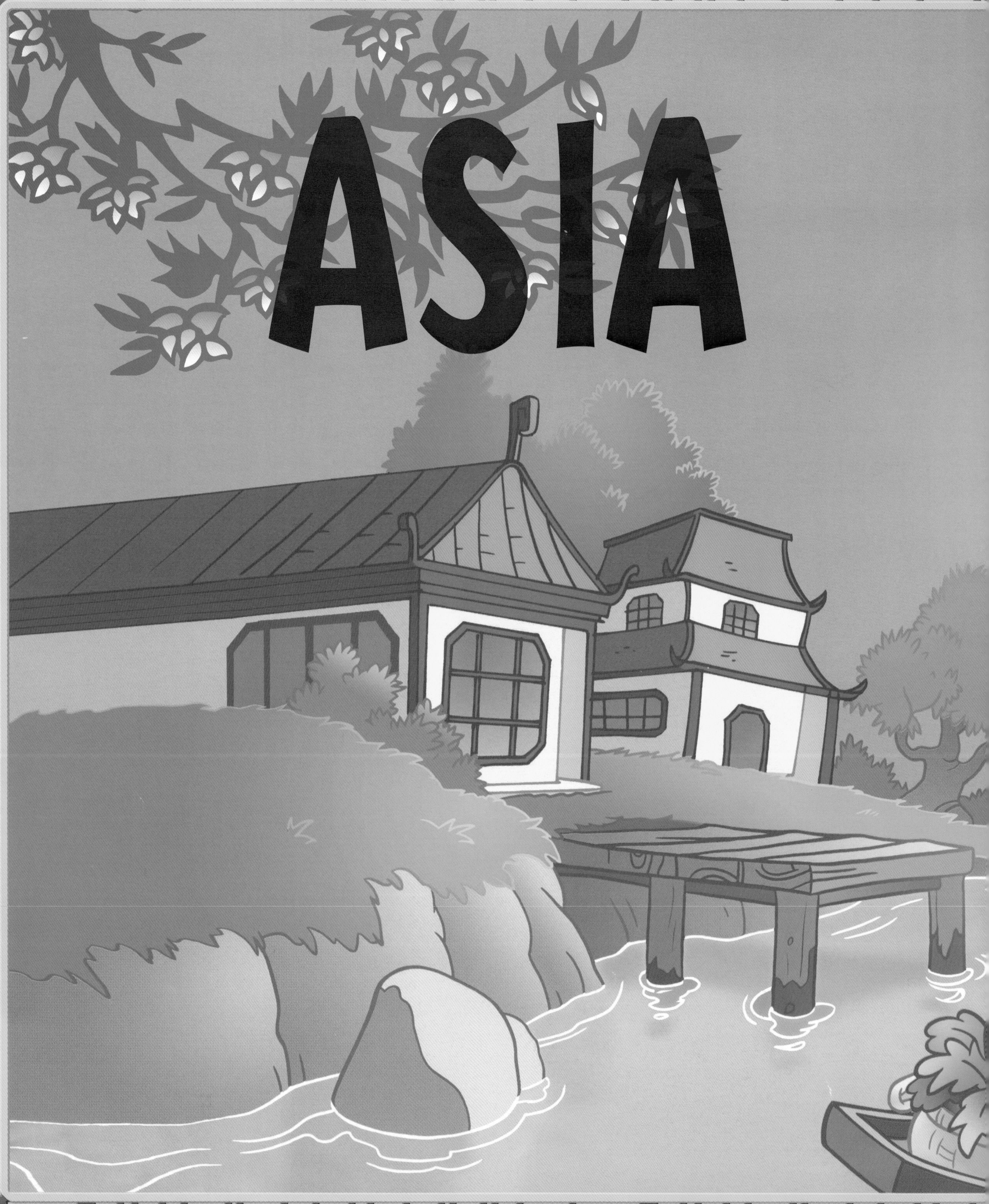

Asia es el continente más grande del mundo: ocupa casi una tercera parte de la superficie de la Tierra. El océano Glacial Ártico limita con Asia por el norte, el Pacífico por el este y el Índico por el sur. Por el oeste limita con Europa y los mares Mediterráneo y Rojo. Suelen señalarse los montes Urales como frontera entre Europa y Asia.

NÚMEROS

Superficie:
44 418 500 km².

Habitantes:
3 145 395 000

Punto más elevado:
El Everest, en Nepal, con 8 848 m de altura.

Punto más bajo:
El mar Muerto, en Jordania, a 395 m por debajo del nivel del mar.

Río más largo:
El río Yangtzé, con una longitud de 6 380 km.

Lago más profundo:
El lago Baikal, situado en Rusia, tiene una profundidad de 1 741 m.

Lago más grande:
El mar Caspio, con 424 000 km² de superficie.

Número de países:
48

País más grande:
Rusia.

País más pequeño:
Islas Maldivas.

ASIA físico

El **mar Caspio** es el lago más extenso del mundo. Recibe agua de los ríos Volga y Ural.

La **Cordillera del Himalaya** es la cadena montañosa más alta del mundo. Himalaya significa "tierra de nieve". Su cumbre más elevada es el Everest (8 848 m).

El **río Yangtzé** pertenece a China y es el más largo de Asia. Nace en el Tíbet y desemboca en el mar de la China Meridional. Por él pueden navegar grandes barcos.

El lago más profundo de la tierra es el **lago Baikal**. Su agua es muy dulce y aquí viven animales y plantas únicos, como la foca anillada del Baikal.

El **mar Muerto**, a pesar de su nombre, es un gran lago. Se encuentra a 395 m bajo el nivel del mar. La gran evaporación hace que tenga mucha sal; por ello es imposible la vida en sus aguas.

OCÉANO GLACIAL ÁRTICO

Estrecho de Bering

Islas Aleutianas

Meseta de Siberia Central

Río Volga

Río Ural

Montes Urales

Mar Muerto

Lago Baikal

OCÉANO PACÍFICO

Península de Anatolia

CAUCASO

Mar Caspio

Mar Mediterráneo

Río Éufrates

Río Tigris

Península Sinaí

Meseta de Mongolia

Fujiyama 3776

Asia

Desierto de Gobi

Península de Corea

Mar Rojo

K2 8611

Meseta del Tíbet

HIMALAYA

Río Yangtzé

Río Indo

Everest 8848

Río Ganges

Taiwan

Golfo de Bengala

Península de Arabia

Islas Filipinas

Mar de la China Meridional

OCÉANO ÍNDICO

Península de Indochina

Mindanao

Península de Malaca

Borneo

Mar de Célebes

Islas Molucas

Nueva Guinea

Islas Maldivas

Sri Lanka

Sumatra

Célebes

Java

Timor

EN ASIA hay
paisajes únicos:
la tundra, al norte,
es un terreno extenso y sin árboles, cubierto de
nieve casi todo el año; la taiga, más al sur, la pueblan
árboles de hoja perenne. También hay extensas
praderas, desiertos y zonas tropicales.

ASIA político

ADEMÁS DE SER el continente más grande, Asia es también el más poblado. A ello contribuyen **CHINA** y **LA INDIA**, ¡países con más de 1 000 millones de habitantes! Existe una gran variedad de razas (blanca, negra y también amarilla) y religiones (judaísmo, cristianismo, islamismo, hinduismo, etc.)

Arabia Saudí posee los mayores yacimientos petrolíferos del mundo, junto a los que han surgido modernas ciudades como Dhahran.

Japón se ha convertido en una de las mayores potencias industriales del mundo. Lo ha conseguido con mucho trabajo e inversiones en nuevas tecnologías.

¿Sabías que...?

El **yute** es una fibra que se saca del tallo de una planta para hacer tejidos. En Bangladesh se encuentra el mejor yute del mundo.

El **lapislázuli** es un mineral azul usado en joyería. Afganistán es el primer productor del mundo.

El **caucho** es una sustancia que se obtiene de algunas plantas tropicales. Malasia es el mayor productor mundial.

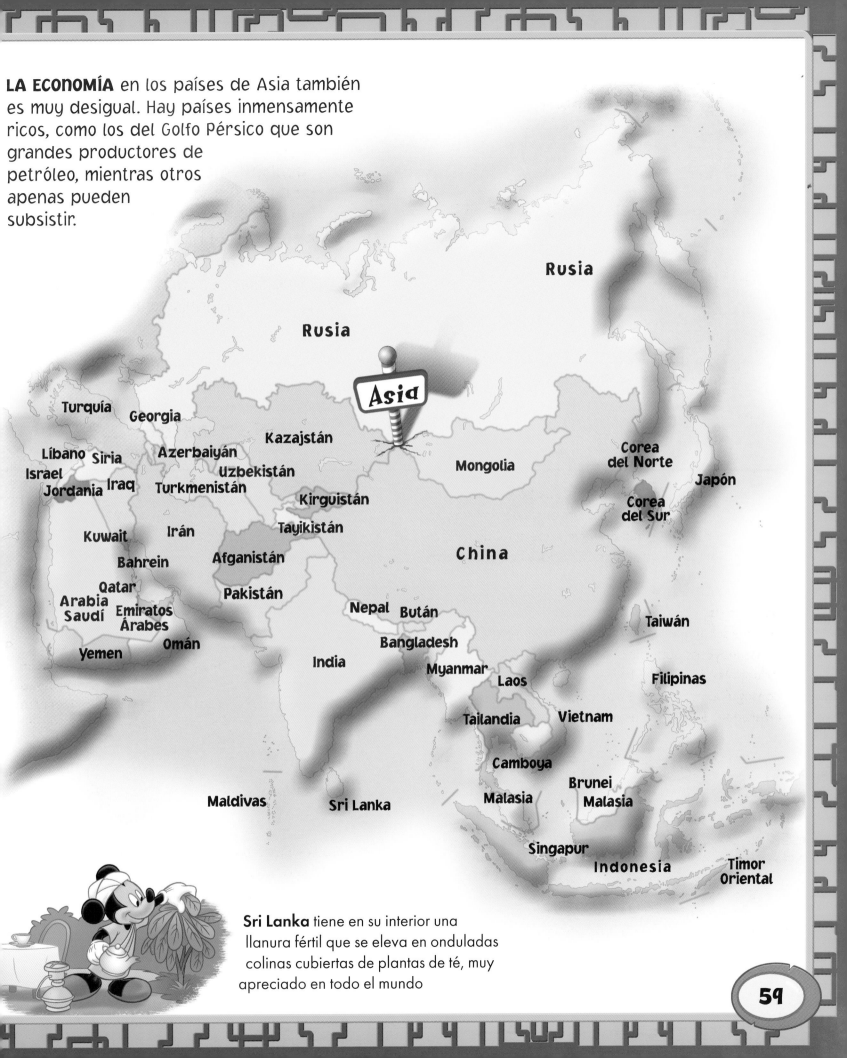

LA ECONOMÍA en los países de Asia también es muy desigual. Hay países inmensamente ricos, como los del Golfo Pérsico que son grandes productores de petróleo, mientras otros apenas pueden subsistir.

Rusia

Rusia

Asia

Turquía
Georgia
Kazajstán
Corea del Norte
Japón
Líbano
Siria
Azerbaiyán
Mongolia
Israel
Uzbekistán
Corea del Sur
Jordania
Iraq
Turkmenistán
Kirguistán
Kuwait
Irán
Tayikistán
China
Bahrein
Afganistán
Qatar
Pakistán
Arabia Saudí
Emiratos Árabes
Nepal
Bután
Taiwán
Omán
Bangladesh
Yemen
India
Myanmar
Filipinas
Laos
Tailandia
Vietnam
Camboya
Brunei
Maldivas
Sri Lanka
Malasia
Malasia
Singapur
Indonesia
Timor Oriental

Sri Lanka tiene en su interior una llanura fértil que se eleva en onduladas colinas cubiertas de plantas de té, muy apreciado en todo el mundo

ASIA OCCIDENTAL

Siria es un país muy antiguo. Damasco, su capital, está considerada la ciudad más antigua del mundo. En Siria se elaboró el primer alfabeto, y eso ocurrió 1500 años antes de Cristo.

Turquía reparte sus tierras entre Europa y Asia. Aquí está la ciudad de Estambul, que antes se llamaba Constantinopla, fundada por el emperador romano Constantino en el año 330. Igual que el país, Estambul está dividida en dos por el estrecho del Bósforo.

El **chemburti** es un juego muy popular en Georgia. Se parece al polo, y fue introducido en este país por los invasores persas.

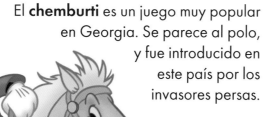

Hacia el año 1500 antes de Cristo llegaron a Iraq los **sumerios,** que establecieron una gran civilización. Inventaron la escritura marcando símbolos en forma de cuña en tablillas de arcilla.

En **Arabia** surgió la religión islámica, fundada por Mahoma hacia el año 600. Su lugar sagrado es la Kaaba, templo situado en La Meca, donde nació Mahoma, y adonde todos los musulmanes intentan ir en peregrinación al menos una vez en la vida.

Estambul

Turquía

• Ankara

Georgia

• Tiflis

Azerbaiyán

Beirut Siria
Líbano •

Tel Aviv • Damasco • Bakú

Israel

• Ammán Turkmenistán

Jordania Iraq

• Bagdag • Teherán • Achkabad

Irán

Kuwait

• Al Kuwait

Asia
occidental

• La Meca

Bahrein

• Manama

Riad Qatar • Doha

• • Abu Dhabi

Arabia
Saudí Emiratos
Árabes • Mascate

Omán

Yemen

• Adén

**LA RIQUEZA
CULTURAL** de
esta zona es
impresionante.
¿Sabías que aquí
vivieron algunas de las
civilizaciones más evolucionadas de la antigüedad,
como la sumeria, la asiria, la persa o la romana?

ASIA MERIDIONAL

En Nepal está la mayor altura del mundo: el **Everest**, con 8 848 m. Los primeros en alcanzar su cima fueron el neozelandés Hillary y el nepalés Tenzing en 1953.

En la India, el **Taj Mahal**, en la ciudad de Agra, es la tumba más hermosa del mundo. Fue construida por el emperador Shah Jahan para su esposa Mumtaz Mahal en 1631. Él también fue enterrado allí.

Uzbekistán formaba parte de la Ruta de la Seda, una ruta comercial muy importante que durante cuatro siglos unió China con Oriente Medio.

La isla de **Sri Lanka** tiene bellas playas y verdes bosques donde viven monos, cocodrilos, elefantes, etc. Los elefantes son muy útiles pues transportan troncos en las explotaciones madereras.

LAS CADENAS MONTAÑOSAS del Karakorum y el Himalaya, las mayores del mundo, están en el centro de esta región. Sus nieves y hielos se deshacen en ríos que riegan las tierras, haciéndolas más fértiles. Por eso, los países de la zona se dedican casi exclusivamente a la agricultura.

El **hinduismo** es la religión más practicada en la India. Tiene unas leyes muy severas: no permite comer carne de vaca, pues a este animal se le considera sagrado; también son sagradas las montañas del Himalaya y el río Ganges, donde los hindúes se bañan para purificarse.

Los habitantes de **Kazajstán** se llaman kazajos. Antiguamente recorrían las llanuras con sus rebaños de camellos, ovejas y vacas, y vivían en tiendas llamadas yurtas.

Astaná

Kazajstán

Asia meridional

Uzbekistán

Turkmenistán

Bishkek

Tashkent

Kirguistán

Achkabad

Dushambe

Tayikistán

Kabul

Afganistán

Islamabad

KARAKORUM

HIMALAYA

Pakistán

Nepal

Nueva Delhi

Katmandú

Everest 8848

Taj Mahal

Río Ganges

India

Colombo

Sri Lanka

Maldivas   Malé

ASIA ORIENTAL NORTE

La **Gran Muralla China** es la más larga del mundo. Fue construida hace 2 000 años por el emperador Shi Huang Ti para proteger al país. Cada 200 metros hay torres de vigilancia.

El **Tíbet** es una región autónoma del oeste de China. Está en la meseta más alta del mundo y rodeada por las impresionantes montañas de Kunlun, Karakorum y el Himalaya.

Los **gers** son una especie de tiendas redondas fabricadas con tablones de madera y cubiertas de fieltro. En Mongolia hoy todavía se usan porque hay problemas de vivienda.

El ferrocarril **Transiberiano** hace el viaje más largo del mundo. Une las ciudades de Moscú y Vladivostok, en un viaje que dura siete días y recorre 9 000 km.

Algunos países de esta zona están muy industrializados, como **JAPÓN** o **COREA DEL SUR**, mientras otros, como **MONGOLIA**, viven casi exclusivamente del pastoreo.

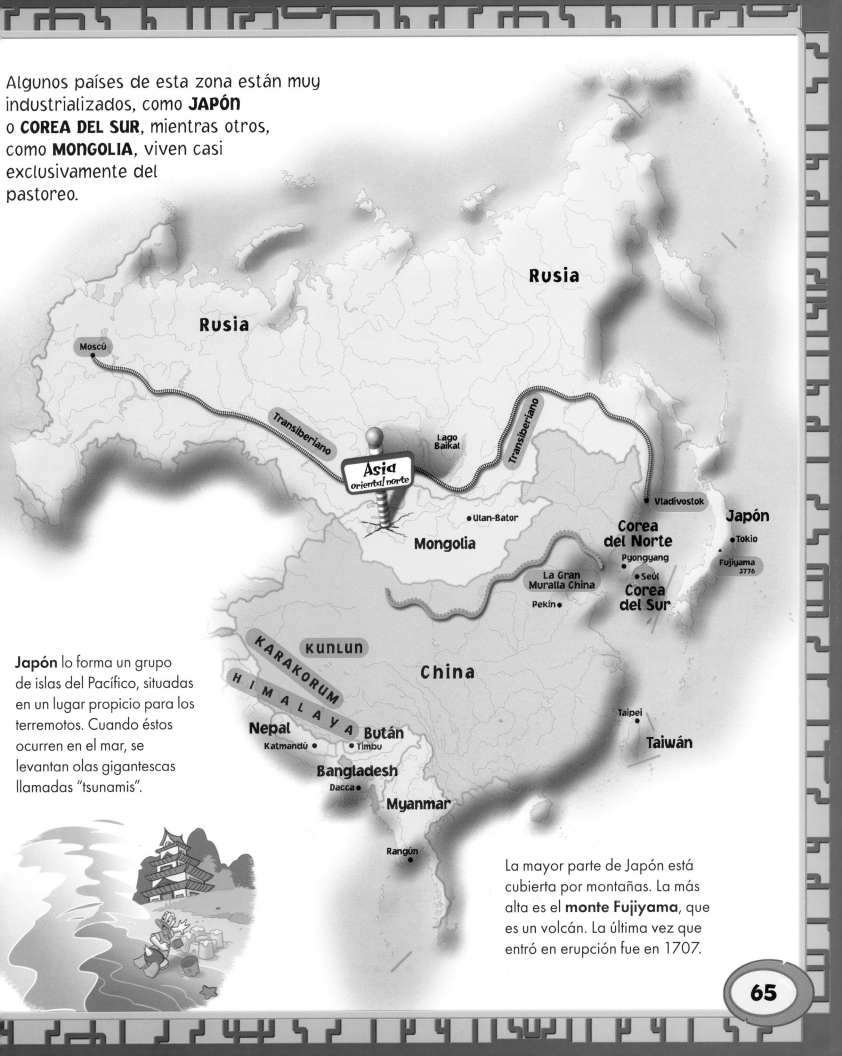

Rusia

Rusia

Moscú

Transiberiano

Transiberiano

Asia *oriental norte*

Lago Baikal

Vladivostok

Japón

Ulan-Bator

Mongolia

Corea del Norte

Pyongyang

Tokio

Fujiyama 3776

La Gran Muralla China

Seúl

Pekín

Corea del Sur

K A R A K O R U M

KUNLUN

China

H I M A L A Y A

Nepal

Bután

Taipei

Katmandú

Timbu

Taiwán

Bangladesh

Dacca

Myanmar

Rangún

Japón lo forma un grupo de islas del Pacífico, situadas en un lugar propicio para los terremotos. Cuando éstos ocurren en el mar, se levantan olas gigantescas llamadas "tsunamis".

La mayor parte de Japón está cubierta por montañas. La más alta es el **monte Fujiyama**, que es un volcán. La última vez que entró en erupción fue en 1707.

ASIA SURORIENTAL

Indonesia es el archipiélago más grande del mundo, con más de 13 600 islas. Tiene más de 100 volcanes activos y forma parte de lo que los geólogos llaman Círculo de Fuego del Pacífico.

En **Malasia** es muy frecuente ver a los aldeanos del este del país volando sus cometas: es un pasatiempo de gran tradición e incluso se celebran competiciones.

El **kick boxing** es un deporte bastante duro que nació en Tailandia. Los luchadores utilizan las manos enguantadas, los pies descalzos, los codos y las rodillas. El perdedor, a veces, puede acabar inconsciente.

LOS PAÍSES de esta zona son montañosos y algunos están salpicados de volcanes activos, cuya ceniza es muy buena para los campos. Gran parte de la población se dedica a la agricultura, sobre todo al cultivo del arroz. La gente vive en pequeños pueblos aunque hay ciudades grandes como Bangkok, Kuala Lampur y Singapur.

El arroz es el cultivo al que en **Vietnam** dedican más tierras y, prácticamente, del que viven. Los arrozales se concentran, sobre todo, en los deltas que forman los ríos Rojo y Mekong.

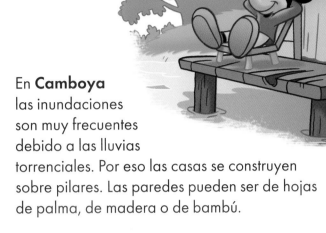

En **Camboya** las inundaciones son muy frecuentes debido a las lluvias torrenciales. Por eso las casas se construyen sobre pilares. Las paredes pueden ser de hojas de palma, de madera o de bambú.

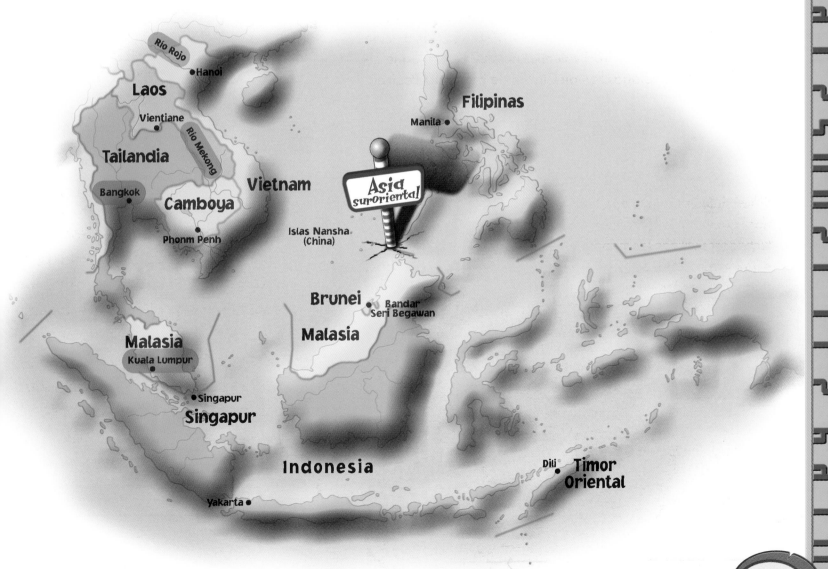

Río Rojo

• Hanoi

Laos

Vientiane •

Río Mekong

Filipinas

Manila •

Tailandia

Bangkok

Camboya

Vietnam

Asia
suroriental

Phonm Penh •

Islas Nansha
(China)

Brunei

Bandar
Seri Begawan •

Malasia

Malasia

Kuala Lumpur

• Singapur

Singapur

Indonesia

Dili • **Timor
Oriental**

Yakarta •

Europa es, después de Oceanía, el continente más pequeño. En el este, los montes Urales forman la frontera natural entre Europa y Asia. Al sur limita con el mar Mediterráneo, al oeste con el océano Atlántico y con el océano Glacial Ártico al norte.

NÚMEROS

Superficie:
10 235 436 km².

Habitantes:
709 019 000 habitantes.

Punto más elevado:
El monte Elbrús, en Rusia, con 5 642 m de altura.

Punto más bajo:
El mar Caspio, también en Rusia, está a 28 m bajo el nivel del mar.

Río más largo:
El río Volga, cuya longitud es de 3 700 km.

Lago más grande:
El Ladoga, en Rusia, con 17 700 km² de superficie.

Número de países:
43

País más grande:
Rusia.

País más pequeño:
Ciudad del Vaticano.

Los Alpes son el principal sistema montañoso de Europa. La mayor parte está en Suiza, pero se extienden desde Francia a Eslovenia. Su pico más elevado es el Mont Blanc, con 4 807 m de altura.

¿Dónde acaba Europa y dónde comienza Asia? Se considera que los **montes Urales** sirven de frontera. Estos montes poseen importantes yacimientos de carbón, hierro, cobre, plata y oro.

El **Volga**, en Rusia, es el río más largo de Europa. Tiene 3 700 km. De mayo a diciembre es navegable en casi todo su curso. En mayo y junio el deshielo provoca grandes crecidas.

El **monte Elbrús** está en la cordillera del Cáucaso, en la parte europea de Rusia. Es la mayor altura de Europa y también un volcán sin actividad, con dos cráteres que miden 5 595 y 5 642 m.

LOS PAÍSES DEL NORTE están situados en torno al Círculo Polar Ártico y son tierras frías y cubiertas de nieve, donde viven renos, gansos, osos y lobos.

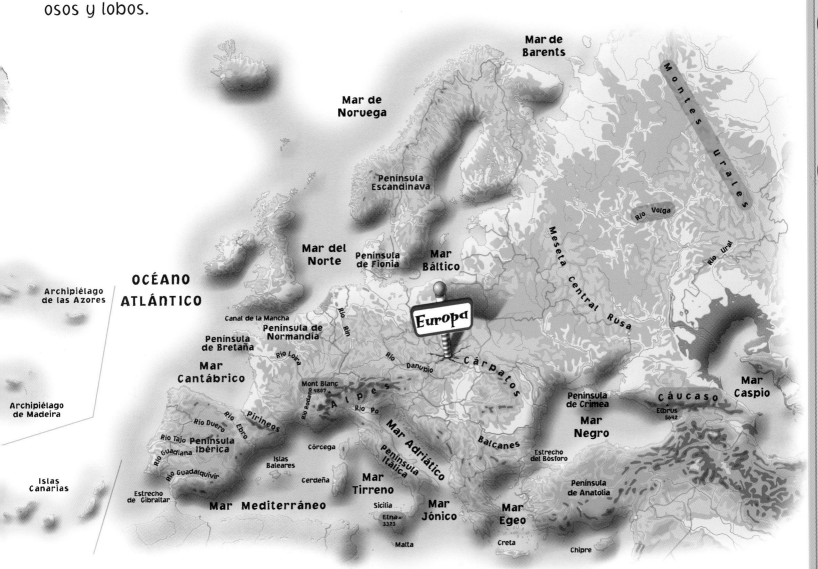

Mar de Barents

Mar de Noruega

Montes Urales

Península Escandinava

Río Volga

Río Ural

Mar del Norte

Península de Fionia

Mar Báltico

Meseta Central Rusa

OCÉANO ATLÁNTICO

Archipiélago de las Azores

Europa

Canal de la Mancha

Río Rin

Cárpatos

Península de Normandía

Río Elba

Península de Bretaña

Río Loira

Río Danubio

Mar Caspio

Mar Cantábrico

Mont Blanc 4807

Alpes

Río Ródano

Río Po

Península de Crimea

Cáucaso

Elbrus 5642

Archipiélago de Madeira

Pirineos

Río Ebro

Mar Negro

Mar Adriático

Mar

Río Duero

Península Ibérica

Río Tajo

Córcega

Península Itálica

Balcanes

Estrecho del Bósforo

Río Guadiana

Islas Baleares

Mar Tirreno

Río Guadalquivir

Cerdeña

Mar Jónico

Península de Anatolia

Islas Canarias

Estrecho de Gibraltar

Sicilia

Etna 3323

Mar Egeo

Mar Mediterráneo

Malta

Creta

Chipre

El **Etna** es un volcán situado en la isla italiana de Sicilia. Tiene una altura de 3 323 m y lleva activo más de dos millones y medio de años.

LA PARTE CENTRAL de Europa es una inmensa llanura desde Rusia hasta Francia. Las montañas de los Pirineos, los Alpes y los Cárpatos separan **EL SUR DE EUROPA**, que disfruta de un clima más agradable.

EUROPA político

Suiza es un país de montañas elevadas con gran cantidad de pastos estivales para el ganado. Es famosa por sus chocolates y sus quesos de prestigio internacional.

Italia fue en otro tiempo un país agrícola, pero desde 1950 el número de personas dedicadas a las tareas del campo descendió considerablemente. A pesar de todo, Italia continúa siendo uno de los primeros productores mundiales de vino.

Luxemburgo fue miembro fundador de la Comunidad Económica Europea, precursora de la Unión Europea. Este país es un importante centro de finanzas internacionales.

El sur de **España** posee una tierra fina y polvorienta que, unida al clima caluroso, es idónea para el cultivo del olivo. Por ello, es el primer productor mundial de aceite de oliva.

DESPUÉS DE LA II GUERRA MUNDIAL, los países de Europa formaron dos bloques: el del este, bajo la influencia de la URSS, y el de los países occidentales, bajo la atenta mirada de Estados Unidos. En los últimos años del siglo XX varios acontecimientos cambiaron la historia: la caída del muro de Berlín, que separaba las dos Alemanias, la desintegración de la URSS, los enfrentamientos en diversos países del este, el nacimiento de nuevos países, etc.

Hoy en día, la mayoría de los países occidentales pertenecen a la **UNIÓN EUROPEA**: Bélgica, Dinamarca, Francia, Alemania, Reino Unido, Grecia, Irlanda, Italia, Luxemburgo, Países Bajos, Portugal, España, Austria, Finlandia y Suecia. A estos países se han unido diez más en mayo de 2004: Estonia, Lituania, Letonia, República Checa, Hungría, Malta, Chipre, Polonia. Eslovaquia y Eslovenia.

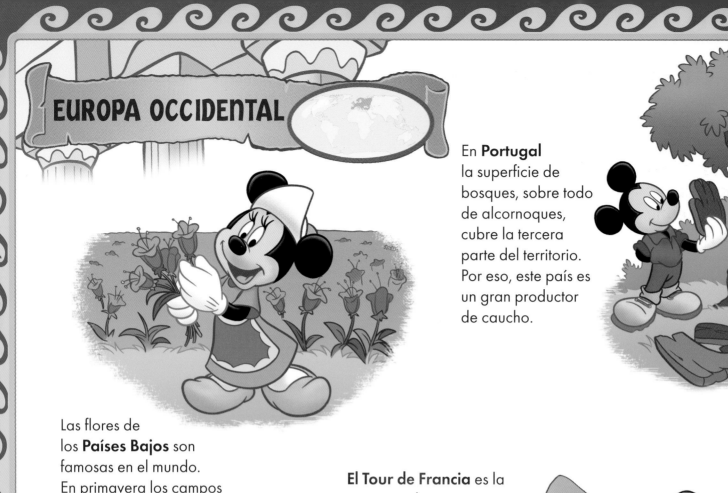

En **Portugal** la superficie de bosques, sobre todo de alcornoques, cubre la tercera parte del territorio. Por eso, este país es un gran productor de caucho.

Las flores de los **Países Bajos** son famosas en el mundo. En primavera los campos de tulipanes, narcisos y jacintos ofrecen un bello espectáculo.

El Tour de Francia es la carrera ciclista por etapas más prestigiosa. Durante tres semanas, ciclistas de todos los países recorren más de 4 000 km por parajes de gran belleza y dificultad.

En **España** dejaron su huella los pueblos que pasaron por ella a lo largo de la historia. Por eso tiene lenguas diferentes: castellano, euskera, catalán, gallego; y también restos de diferentes culturas: la celta, la romana y la árabe.

LA PARTE MÁS OCCIDENTAL DE EUROPA está bañada por el océano Atlántico y el mar Mediterráneo. Los países situados en esta zona gozan de un clima bastante suave y algunos, como España y Francia, tienen muchos kilómetros de costa, cosa que los hace muy atractivos para el turismo.

Europa occidental

OCÉANO ATLÁNTICO

Países Bajos
• Amsterdam
Bruselas •
Bélgica
Luxemburgo
• París   Luxemburgo

Francia

Portugal

Andorra   Mónaco
• Andorra la Vella   • Mónaco

Lisboa •   • Madrid

España

Mar Mediterráneo

El casino de Montecarlo es famoso en todo el mundo. Otro de los atractivos de **Mónaco** son las carreras de coches: el Gran Premio de Mónaco y el rally de Montecarlo reúnen a los mejores conductores.

EUROPA CENTRAL

El **Rin** es el río más largo de Alemania. Nace en el norte de Suiza y desemboca en el mar del Norte. Por él navegan grandes barcos de mercancías y pasajeros.

Londres es la capital del Reino Unido. Los turistas acuden a ella a conocer el Parlamento, la catedral de San Pablo o el palacio de Buckingham, donde vive la familia real británica, la monarquía más antigua del mundo.

Desde 1945, como consecuencia de la II Guerra Mundial, **Alemania** quedó dividida en dos partes por el muro de Berlín. El 3 de octubre de 1990 el muro fue derribado y ambas Alemanias se reunificaron.

El **vals** es un baile de salón de origen alemán. Su modalidad vienesa, propia de Austria, es de ritmo más rápido, y alcanzó gran popularidad en el siglo XIX gracias al compositor austriaco Johan Strauss.

En Escocia, con sus montañas y lagos, están los más bellos paisajes del Reino Unido. El **lago Ness**, según la leyenda, esconde un monstruo desde hace muchísimos años.

OCÉANO ATLÁNTICO

Escocia
Lago Ness
Mar del Norte

Europa central

Irlanda
Dublín •

Reino Unido

Londres •

Berlín •
Río Rin Alemania
Varsovia •
Polonia
• Minsk
Bielorrusia

Praga •
República Checa
Eslovaquia

Viena •
• Bratislava

Berna • Liechtenstein
Suiza • Vaduz Austria
Mt. Cervino Alp Mt. Rosa
• Budapest
Hungría

Los Alpes son el principal sistema montañoso de Europa. Sus cumbres nevadas, como el monte Rosa y el Cervino, atraen a los aficionados a los deportes de invierno.

En Polonia, nació en 1810 **Frédéric Chopin**, uno de los mejores compositores del mundo de música para piano. Comenzó sus estudios musicales a los cuatro años y a los ocho dio su primer concierto.

La capital de Suecia es **Estocolmo**. Está construida sobre 14 pequeñas islas comunicadas por unos 50 puentes. Uno de sus museos expone un buque de guerra que, después de más de 300 años en el fondo del mar, conservaba perfectamente lo que contenía: comida, ropa, etc., gracias al agua salada.

La costa de **Noruega** es muy abrupta y en ella están los fiordos, profundos entrantes del mar donde los barcos pueden encontrar refugio.

Los **premios Nobel** se entregan en Suecia y se conceden todos los años a las personas u organismos que destacan en Física, Química, Medicina, Literatura, Paz y Economía. Fueron creados por el químico sueco Alfred Nobel, que legó su fortuna para este fin.

Groenlandia es la mayor isla del mundo y, aunque está en el continente americano, es una provincia de Dinamarca. Está cubierta de hielo y sus habitantes, en su mayoría esquimales, viven de la caza y la pesca.

Los países del norte de Europa están situados entre el océano Ártico y el mar Báltico. Su clima es frío, sobre todo en **FINLANDIA**, **NORUEGA**, **SUECIA** e **ISLANDIA**, donde en invierno la temperatura es muy baja y el suelo se cubre de nieve. **ESTONIA**, **LETONIA** y **LITUANIA** son los llamados Estados Bálticos. Hasta 1991 pertenecieron a la Unión Soviética y en la actualidad son países independientes.

Finlandia es un bello país con miles de islas y lagos, unos 60 000, de entre los que, por su tamaño, destaca el Saimaa. Gran parte de su territorio está cubierto de bosques, en los que viven osos, lobos, zorros, etc.

OCÉANO ATLÁNTICO

Reikiavik • Islandia

Mar de Noruega

Islas Feroe (Dinamarca)

Europa del norte

Fiordos Noruegos

Suecia

Finlandia

Lago Saimaa

Noruega

Helsinki

• Oslo

Estocolmo •

•Tallin

Estonia

Mar del Norte

Estados Bálticos

Riga • Letonia

Dinamarca

Lituania

Copenhague •

Vilna •

Islandia se llama así por su clima frío y sus tierras cubiertas de nieve y hielo. También hay más de 200 volcanes y fuentes termales, que son chorros de agua que salen de la tierra a altísimas temperatura.

Venecia
es una de las
ciudades más visitadas de Italia. Está situada
sobre más de cien islas y, en lugar de calles,
tiene 177 canales, y más de 400 puentes
que las comunican entre sí. Sus carnavales
son muy famosos.

La región
de **Transilvania**, en
Rumanía, un paisaje de montañas nevadas
y frondosos bosques, vio nacer la leyenda del
conde Drácula, el vampiro que mordía el cuello
de sus víctimas para alimentarse con su sangre.

En 1986, se produjo en
la central de **Chernóbil**
el mayor desastre nuclear de
la historia. Causó muchas
víctimas y sus secuelas
siguen siendo evidentes.

En las ciudades griegas, el lugar más alto
y fortificado se llama acrópolis. En la de
Atenas, la capital de Grecia, está el
famoso Partenón, un templo
construido hacia el año 440 a. C.

LA PARTE SURORIENTAL DE EUROPA

está conformada por países muy diferentes. Algunos como Italia gozan de un desarrollo industrial considerable; otros, por el contrario, viven de la agricultura.

Eslovenia ofrece muchos atractivos al turista: frondosos bosques, azules lagos, soleadas playas, estaciones de esquí y grandes cuevas donde la erosión ha dibujado impresionantes formas.

Chernobil
Kiev

Ucrania

Moldavia
Chisnau

Transilvania

Eslovenia
Liubliana
Zagreb

Venecia

Croacia
Bosnia-
Herzegovina
Belgrado
Bucarest

San Marino
San Marino
Sarajevo

Mar Adriático

Serbia y
Montenegro
Sofía

Vaticano
Roma
Tirana
Skoplie

Italia
Macedonia
Albania
Grecia

Rumania

Bulgaria

Mar
Negro

Ankara

Turquía

Europa
suroriental

Mar
Caspio

Armenia
Erevan

Mar Mediterráneo

Mar
Jónico

Atenas
Islas Griegas

Malta La Valeta

Chipre Nicosia

GRECIA E ITALIA fueron la cuna de las civilizaciones griega y romana, que se extendieron por muchos de estos países y dejaron paso a otros pueblos que también aportaron sus costumbres y tradiciones.

La palabra **Albania** significa "águila". Este país de lagos y altas montañas recibe su nombre de las majestuosas águilas que lo sobrevuelan.

RUSIA

En 1961, el astronauta **Yuri Gagarin** fue el primer hombre que viajó al espacio. Dio vueltas alrededor de la tierra a bordo de la nave espacial Vostok 1.

El Bolshói es una compañía de ballet de Moscú reconocida desde el siglo XIX. Sus bailarines han llevado por todo el mundo grandes obras como "Cascanueces" o "El Lago de los Cisnes".

Moscú es la capital de Rusia. En ella destacan la Plaza Roja, la catedral de San Basilio, con sus bellas cúpulas, y el Kremlin, antigua fortaleza que es la sede del gobierno.

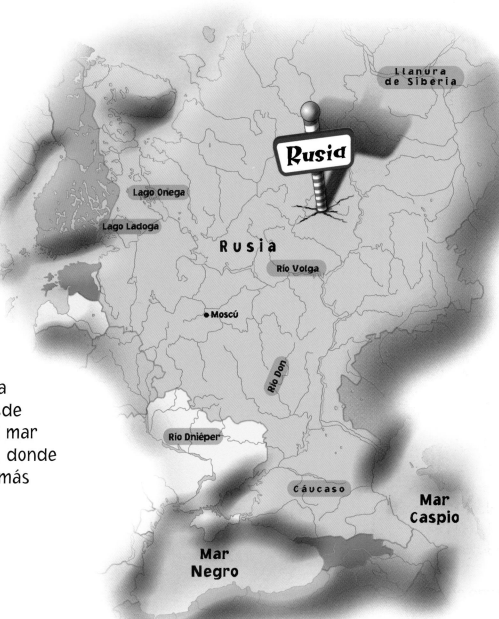

RUSIA se extiende entre Asia y Europa. Es el país más grande del mundo, con 17 millones de km². La Rusia que pertenece a Asia está formada por una enorme llanura llamada Siberia. La parte europea de Rusia se extiende desde el istmo de Carelia, en el mar Báltico, hasta el Cáucaso, donde está el monte Elbrús, el más alto de Europa.

Las tradicionales **matrushkas** rusas son muñecas de madera pintada. Presentan tamaños diferentes de modo que cada una oculta en su interior otra más pequeña y todas caben dentro de la más grande.

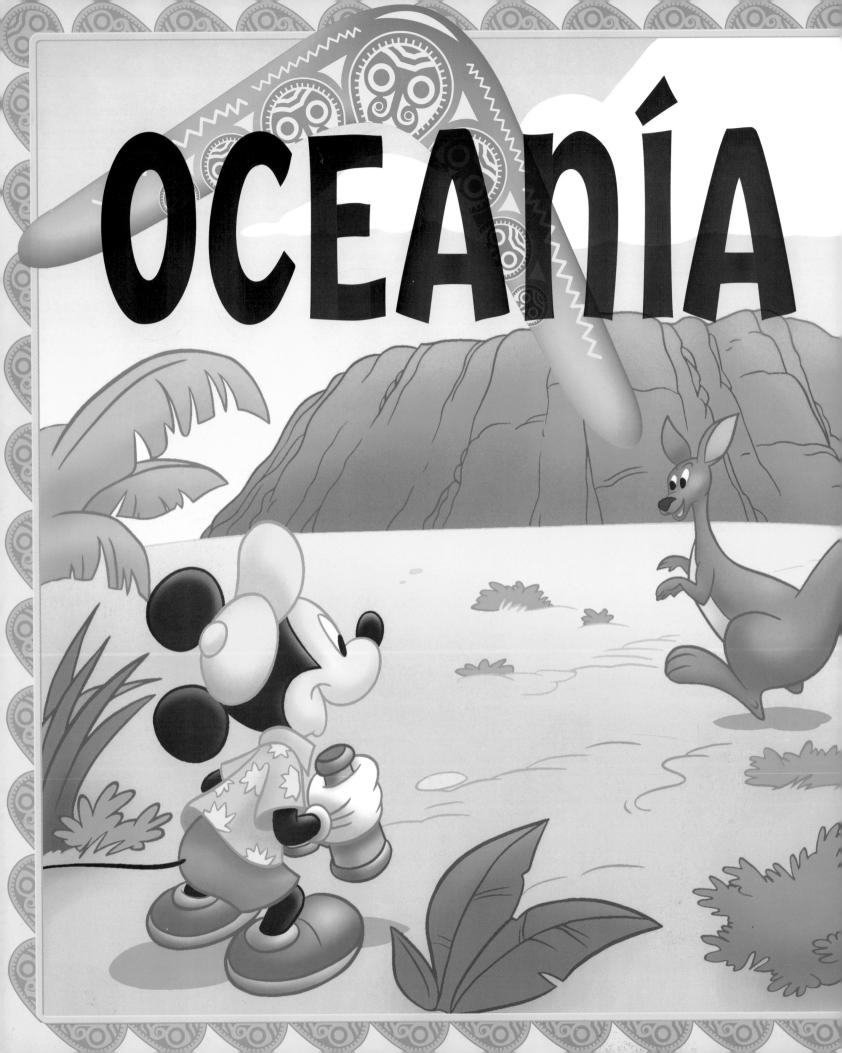

OCEANÍA

Oceanía es el continente de menor tamaño.
Está formado por un conjunto de islas situadas
en el océano Pacífico y que se extienden desde
el ecuador hasta la Antártida: Australia, Nueva
Guinea, Nueva Zelanda y muchas más islas
de menor tamaño.

NÚMEROS

Superficie:
8 942 252 km².
Habitantes:
30 452 000 habitantes.
Punto más elevado:
El monte
Puncak Jaya,
en Nueva Guinea,
con 5 030 m de altura.
Punto más bajo:
El lago Eyre, situado en
Australia, a 14 m bajo
el nivel del mar.
Río más largo:
El río Murray Darling,
de 3 490 km de longitud.
Número de países:
14
País más grande:
Australia.

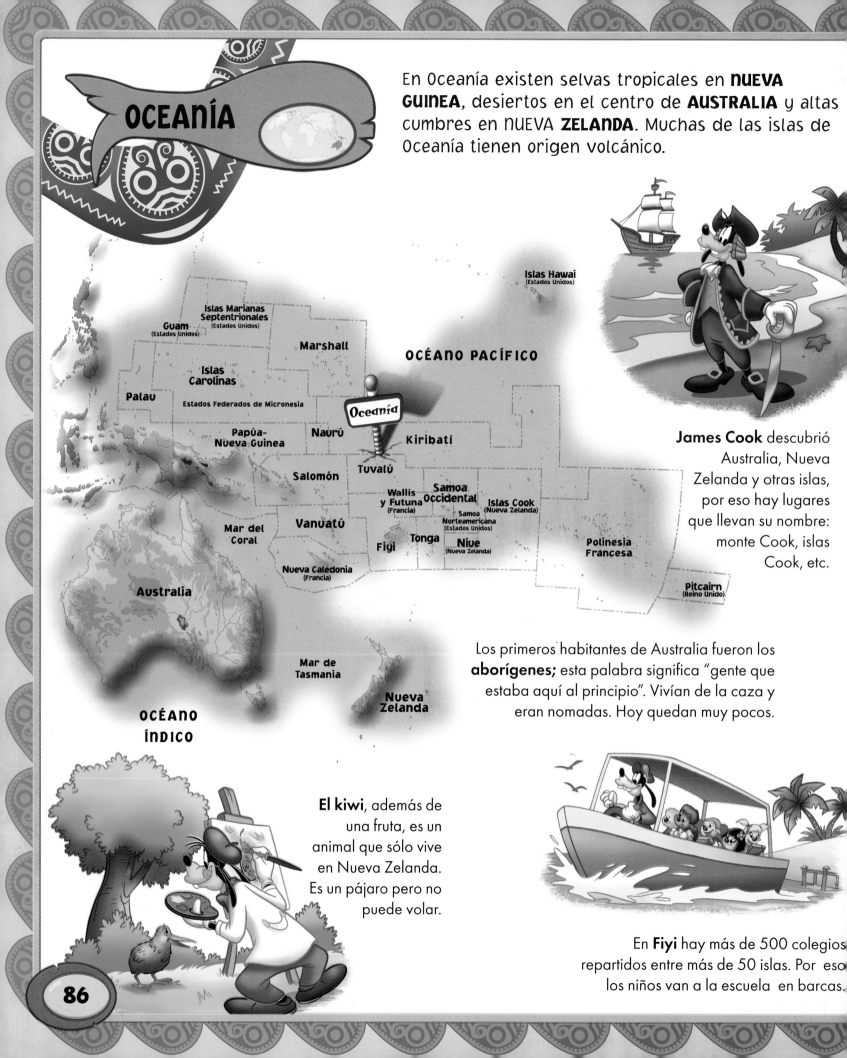

OCEANÍA

En Oceanía existen selvas tropicales en **NUEVA GUINEA**, desiertos en el centro de **AUSTRALIA** y altas cumbres en NUEVA **ZELANDA**. Muchas de las islas de Oceanía tienen origen volcánico.

Islas Hawai
(Estados Unidos)

OCÉANO PACÍFICO

Islas Marianas Septentrionales
(Estados Unidos)

Guam
(Estados Unidos)

Marshall

Islas Carolinas

Palau

Estados Federados de Micronesia

Oceanía

Naurú

Kiribatí

Papúa-Nueva Guinea

Salomón

Tuvalú

Wallis y Futuna
(Francia)

Samoa Occidental

Samoa Norteamericana
(Estados Unidos)

Islas Cook
(Nueva Zelanda)

Vanuatú

Fiyi

Tonga

Niue
(Nueva Zelanda)

Polinesia Francesa

Mar del Coral

Nueva Caledonia
(Francia)

Australia

Pitcairn
(Reino Unido)

Mar de Tasmania

Nueva Zelanda

OCÉANO ÍNDICO

James Cook descubrió Australia, Nueva Zelanda y otras islas, por eso hay lugares que llevan su nombre: monte Cook, islas Cook, etc.

Los primeros habitantes de Australia fueron los **aborígenes;** esta palabra significa "gente que estaba aquí al principio". Vivían de la caza y eran nomadas. Hoy quedan muy pocos.

El kiwi, además de una fruta, es un animal que sólo vive en Nueva Zelanda. Es un pájaro pero no puede volar.

En **Fiyi** hay más de 500 colegios repartidos entre más de 50 islas. Por eso los niños van a la escuela en barcas.

Ayers Rock es una roca situada en el centro de Australia, tan grande que puede verse a una distancia de 100 km. Cambia de aspecto según la luz que recibe y tiene cuevas con pinturas en las paredes.

Australia

Mar del Coral

Gran Barrera del Coral

Gran Cordillera Divisoria

Desierto de Tanami

Gran Desierto de Arena   Mtes. Macdonnell

Ayers Rock
Mtes. Musgrave

Mtes. Grey

Río Darling

Gran Desierto Victoria   Lago Eyre

R. Murray

• Sidney
• **Canberra**

Gran Bahía Australiana

• Melbourne

OCÉANO ÍNDICO

Los primeros habitantes de Australia fueron **los aborígenes;** esta palabra significa "gente que estaba aquí al principio". Vivían de la caza y eran nómadas.

El **lago Eyre** es un lago de agua salada al sur de Australia. Está a 14 m bajo el nivel del mar y es el punto más bajo de la isla. Como está en una región árida, casi siempre está seco. Se llama así porque lo descubrió el británico Edward Eyre.

REGIONES POLARES

Los paralelos son líneas imaginarias que se extienden de este a oeste a lo largo del globo terrestre. Dos de estos paralelos son el Círculo Polar Ártico, al norte, y el Círculo Polar Antártico, al sur. Las regiones polares están situadas entre estas líneas y los polos. Entre el Círculo Polar Ártico y el Polo Norte está el Océano Glacial Ártico y, entre el Círculo Polar Antártico y el Polo Sur, se encuentra un continente llamado Antártida.

EL OCÉANO GLACIAL ÁRTICO

EL OCÉANO GLACIAL ÁRTICO está helado gran parte del año. Algunas zonas nunca se deshielan y forman un casco alrededor del Polo Norte. Otras zonas, al llegar la primavera, se resquebrajan formando campos de hielo. El primero en llegar al Polo Norte fue Robert Peary, de EE. UU., en 1909 con un trineo tirado por perros.

Mar de Bering

Estrecho de Bering

Alaska (EE. UU.)

Canadá

Ártico

OCÉANO GLACIAL ÁRTICO

Polo Norte

Rusia

Groenlandia (Dinamarca)

Islandia

Círculo Polar Ártico

El **oso polar** vive en las frías tierras del Ártico. Para soportar el frío posee una gruesa capa de grasa y un pelaje muy espeso. Su color claro se confunde con el hielo y así caza las focas, su manjar preferido.

En el Ártico se da un espectáculo impresionante: la **aurora boreal**, que es un conjunto de luces de diferentes colores en el cielo. Al parecer, se produce porque la Tierra atrae partículas del Sol.

El **Nautilus** fue un submarino nuclear de Estados Unidos que llegó al Polo Norte viajando por debajo de la superficie helada del océano.

LA ANTÁRTIDA

LA ANTÁRTIDA es un enorme desierto situado en torno al Círculo Polar Antártico. Está cubierto de una capa de hielo que alcanza 4 800 m de espesor. En verano, la capa de hielo de las costas se derrite y se desprenden de ella grandes bloques llamados icebergs. Su punto más elevado es el macizo Vinson, a 5 140 m de altura, y el más bajo la fosa de Bentley, a 2 499 m bajo el nivel del mar.

Los **pingüinos** son aves acuáticas, pero no pueden volar porque sus alas tienen forma de aletas y las utilizan como eficaces remos para nadar y bucear.

OCÉANO ATLÁNTICO

Argentina

Mar de Weddell

Chile

Antártida

OCÉANO ÍNDICO

Vinson Massif
5140

Polo Sur

Mar de Ross

OCÉANO PACÍFICO

Círculo Polar Antártico

Roald Amundsen fue un explorador noruego empeñado en ser el primero en llegar a los Polos. Llegó al Polo Sur el 14 de diciembre de 1911.

SUR

El **krill** es un pequeño crustáceo de las aguas antárticas. Nadan en grupos muy numerosos y sirven de alimento a las ballenas, que pueden comerse hasta dos toneladas de una sola vez.